W0191758

Thomas Schäfer
Wenn Liebe allein den Kindern nicht hilft

Thomas Schäfer

# Wenn Liebe allein
# den Kindern nicht hilft

Heilende Wege in Bert Hellingers
Psychotherapie

Besuchen Sie uns im Internet:
www.knaur.de

Originalausgabe 2002
Copyright © 2002 bei Droemersche Verlagsanstalt
Th. Knaur Nachf., München
Alle Rechte vorbehalten. Das Werk darf – auch teilweise –
nur mit Genehmigung des Verlags wiedergegeben werden.
Umschlaggestaltung: ZERO Werbeagentur, München
Bildidee: Norbert Linz
Satz: Ventura Publisher im Verlag
Druck und Bindung: Ebner & Spiegel, Ulm
Printed in Germany
ISBN 3-426-66662-6

2  4  5  3

# Dank

Mein Dank gilt besonders den Eltern, Jugendlichen und Kindern, die es mir erlaubten, einen tieferen Einblick in das Leiden von Kindern zu gewinnen.

Zum Schutz all dieser Menschen wurden Namen, Orte und unwesentliche Details im Text verändert.

Meiner Frau Elisabeth und Wolfgang Kasper danke ich für die kritische Durchsicht des Manuskripts und die vielen fachlichen Hinweise.

Norbert Linz möchte ich meinen Dank aussprechen für die wunderbare Bildidee auf dem Buchumschlag, seine Hilfe bei der Gliederung und der Titelfindung.

Bert Hellinger danke ich dafür, dass er mich menschliche Beziehungen neu sehen lehrte.

# Inhalt

»Was den Eltern in ihrer Paarbeziehung in Achtung und Liebe gelingt, das gelingt ihnen auch gegenüber dem Kind. Und was ihnen in ihrer Paarbeziehung an Achtung und Liebe und Hilfe gegenüber dem Partner mißlingt, das mißlingt ihnen auch gegenüber dem Kind.

Wenn aber ihre Liebe zum Kind ihre Liebe zueinander nur fortsetzt und krönt, dann fühlt sich ihr Kind von beiden Eltern gesehen, genommen, geachtet, geliebt und weiß sich in Ordnung und gut.«[1]

*Bert Hellinger*

---

[1] Bert Hellinger: *Die Mitte fühlt sich leicht an – Vorträge und Geschichten,* München 1996, S. 151.

# Vorwort

Wenn Kinder leiden, fragen wir uns unweigerlich nach dem »Warum?«: Wie kann es geschehen, dass schon ein kleines Kind lebensbedrohlich erkrankt? Eine der möglichen Antworten darauf finden wir in systemischen Aufstellungen; zeigen sie doch, dass Kinder sich durch ihr Leiden der Familie ganz zugehörig fühlen. Im Leiden der Kinder wird ihre Liebe zur Familie, manchmal sogar zu zeitlich weit zurückliegenden Familienereignissen deutlich. Mithilfe der von Bert Hellinger gewonnenen Einsichten lässt sich die »blinde« Liebe der Kinder zuweilen in eine befreiende Liebe aller Beteiligten wandeln.

Als Therapeut arbeite ich oft mit Eltern, die sich um kranke Kinder sorgen und ihnen helfen wollen. Eltern haben das Recht, für ihre Kinder nach Lösungen zu suchen, solange diese noch von ihrer Entwicklung Kinder oder Jugendliche sind.

Zuweilen arbeite ich aber auch direkt mit Kindern, und nicht selten kommen sie als junge Erwachsene mit ihren Eltern zu Aufstellungsseminaren. So können dann in der Aufstellung sowohl Eltern als auch Kinder gemeinsam ein heilendes Bild der Familie erleben. Von alldem berichtet dieses Buch.

In einigen Kapiteln bin ich über Bert Hellingers Arbeit hinausgegangen und habe auch andere kurzzeittherapeutische Ansätze zur Kindertherapie zu Wort kommen lassen. Bei meinem eigenen Hintergrund als Hypnotherapeut liegt es nahe, vor allem die wichtige Arbeit Milton Ericksons mit einzubeziehen. Auch Bert Hellinger nutzt oft die Methoden Ericksons, insbesondere dann, wenn es nicht unbedingt notwendig ist, systemische Verstrickungen aufzuzeigen. Zum Beispiel lässt sich bei bettnässenden Kindern oft eine Geschichte oder ein Märchen erzählen, das unerwartet schnell den Prozess der Lösung in Gang bringen kann.

Zur Gliederung des Kapitels »Wenn Kinder leiden« soll hier noch kurz gesagt werden, dass die Zuordnung von »Asthma und Allergien« zu den »»Kleineren‹ Leiden und Krankheiten« und von »Hyperaktiven Kindern« zu den »Schweren Belastungen« durchaus auch anders hätte ausfallen können. Mit Allergien beispielsweise lässt sich das Leben in vielen Fällen noch recht gut gestalten, doch gibt es durchaus auch lebensbedrohliche Allergien. Umgekehrt gilt für hyperaktive Kinder, dass sie in manchen Fällen den Alltag relativ gut bewältigen können. Bei vielen ist dies jedoch nicht so. Wie das entsprechende Kapitel zeigen wird, ist bei diesen hyperaktiven Kindern oft im familiären Hintergrund viel Schweres anzutreffen.

Das in diesem Buch fehlende Thema »Sexueller Missbrauch von Kindern« wurde ausführlich in anderen meiner Bücher behandelt.[2] (Und kurz vor dem Abgabetermin dieses Manuskripts erschien ein weiteres Buch über die Probleme von Kindern aus systemischer Sicht, das dem Interessierten empfohlen sei, nämlich von Ingrid Dykstra.[3])

Ausführlich gehen Sylvia Gómez Pedra und Marianne Franke-Griksch in ihren Arbeiten auf das Thema »Schule und Familie« ein. Marianne Franke-Griksch zeigt zudem anschaulich, wie Lehrer die ihnen anvertrauten Kinder wirksam unterstützen können, indem sie das familiäre Umfeld achtend mit einbeziehen.[4]

---

[2] Vgl. *Was die Seele krank macht und was sie heilt – Die psychotherapeutische Arbeit Bert Hellingers*, München 2000, S. 103–110, und *Wenn Dornröschen nicht mehr aufwacht – Bekannte Märchen aus Sicht von Bert Hellingers Familienaufstellungen*, München 2001, S. 95–105.

[3] Ingrid Dykstra: *Wenn Kinder Schicksal tragen – Kindliches Verhalten aus systemischer Sicht verstehen*, München 2002.

[4] Marianne Franke-Griksch: *Du gehörst zu uns! – Systemische Einblicke und Lösungen für Lehrer, Schüler und Eltern*, Heidelberg 2001, und Sylvia Gómez Pedra (Hg.): *Kindliche Not und kindliche Liebe – Familien-Stellen und systemische Lösungen in Schule und Familie*, Heidelberg 2001.

Zu der Wiedergabe der Familienaufstellungen ist noch ein methodischer Hinweis wichtig. Wenn nicht ausdrücklich anders erwähnt, ist mit Bezeichnungen wie »Schwester«, »Bruder«, »Vater«, »Karin«, »Peter« immer der betreffende Stellvertreter in der Aufstellung gemeint. Wenn ein Klient selbst an seine Stelle in der Aufstellung tritt und damit seinen eigenen Platz im Familiensystem einnimmt, wird darauf besonders hingewiesen.

# Über systemische Aufstellungen und die Rolle des Kindes

## Systemische Aufstellungen und »Bewegungen der Seele«

Normalerweise lässt sich ein solches Buch nicht veröffentlichen, ohne ein umfangreicheres Kapitel über die systemische Aufstellungsarbeit Bert Hellingers voranzustellen. Mittlerweile ist das Familien-Stellen jedoch so bekannt, dass ich hier auf eine ausführliche Darstellung der Methode der systemischen Aufstellungen verzichten kann. Als einführende Lektüre sei auf mein Buch *Was die Seele krank macht und was sie heilt – Die psychotherapeutische Arbeit Bert Hellingers* hingewiesen. An dieser Stelle soll nur das zum Verständnis Nötigste aufgezeigt werden.

Auch wenn man systemische Aufstellungen mithilfe von Papierscheiben oder anderem in der Einzeltherapie durchführen kann, so ist doch der wesentlich kraftvollere Rahmen die Gruppe. Nachdem der Ratsuchende in der Gruppe kurz sein Problem geschildert hat, tritt er in die Mitte des Kreises. Nacheinander wählt er sowohl für die Familienmitglieder als auch für sich Stellvertreter unter den Seminarteilnehmern und stellt sie nach seinem inneren Bild auf.

Anschließend setzt er sich. Immer wieder zeigt sich dabei, dass völlig Fremde genau darstellen können, wie sich das Familienmitglied fühlt, für das sie in der Aufstellung stehen. Was dann häufig sichtbar wird, ist die geheime seelische Dynamik hinter einer Krankheit oder einem psychischen Problem. Nachdem der Therapeut durch verschiedene Schritte eine Lösung gefunden hat, kann der Klient sich oft auch selbst an seine Position stellen. Am Schluss ist es für ihn zuweilen notwendig, bestimmten Personen noch etwas Wichtiges zu sagen.

Es ist erstaunlich, dass sich fremde Menschen so gut in eine Person einfühlen können, von der sie nichts wissen. In einer meiner letzten Gruppen musste eine Aufstellung wegen mangelnder Informationen abgebrochen werden. Doch alle Stellvertreter in den Rollen waren sich darin einig, dass es ein Verbrechen in der Familie der Seminarteilnehmerin gegeben haben musste. Nach der Aufstellung sagte der Therapeut, es sei besser, in solchen Situationen auf eine allzu »detektivische Haltung« zu verzichten und stattdessen beim Sammeln von Informationen respektvoll zu Werke zu gehen. Wenn die innere Haltung demütig ist, kommt die Information zuweilen von allein.

Einen Tag nach der Aufstellung (!) rief eine Tante die Seminarteilnehmerin an. Sie hatte zu dieser Tante fünfzehn Jahre lang keinen Kontakt gehabt. Am Telefon sagte sie: »Liebe Monika, ich habe dich ja ewig nicht mehr gesprochen. Irgendwie hatte ich gestern das Gefühl, dass du noch unbedingt etwas über unsere Familie erfahren solltest. Es gibt da nämlich ein Verbrechen ...« Erst mit den genauen Angaben dieser Tante konnte dann zu einem späteren Zeitpunkt eine zweite Aufstellung durchgeführt werden.

Dieses Beispiel zeigt eindrucksvoll, dass systemische Aufstellungen in einem psychischen Feld stattfinden, an dem alle Familienmitglieder beteiligt sind und auch reagieren können.

Die Familienaufstellungen nach Bert Hellinger haben sich in der jüngsten Vergangenheit weiterentwickelt: In Aufstellungen kann es geschehen, dass Stellvertreter in eine Bewegung kommen, die sie nicht mehr zu steuern vermögen. Bert Hellinger spricht hier von den »Bewegungen der Seele«. Wer als Stellvertreter gesammelt in den Kontakt mit der Person geht, die er darstellt, kommt zuweilen in eine sehr langsame, aber dennoch

16

intensive Bewegung. Wenn der Therapeut diesen Bewegungen der Stellvertreter vertraut, kann er oft auf Interventionen verzichten, auch auf sprachliche. Aus den Bewegungen der Stellvertreter ergeben sich Lösungen, die häufig sehr überraschend und für niemanden vorhersehbar waren. Auch in einigen wenigen Aufstellungen, die in diesem Buch dargestellt wurden, überließen sich die Stellvertreter stumm ihren aus dem Inneren kommenden Bewegungen.

Die Bewegungen der Seele sind eine organische Weiterentwicklung der Familienaufstellungen, denn sie sind aus ihnen hervorgegangen. Die Verantwortung des Therapeuten bei dieser Arbeit ist besonders groß, denn nicht jeder Stellvertreter ist fähig, so tief in Rollen zu gehen, wie es für die Bewegungen der Seele notwendig ist.

Insbesondere bei Täter-Opfer-Themen sind die Bewegungen der Seele sehr hilfreich, weil Familienaufstellungen das Geschehen in seiner ganzen Tiefe nur teilweise erfassen. Doch auch bei »normalen« Familienthemen können sich Bewegungen der Seele entwickeln. Da die Fallgeschichten aus diesem Buch jedoch zum überwiegenden Teil aus einem weit gespannten Zeitraum stammen, spielen die jüngst entwickelten Bewegungen der Seele nur vereinzelt eine Rolle.

Mir begegnete diese Ebene der Seele, die jenseits des Familiengeschehens liegt, zum ersten Mal in einem schon länger zurückliegenden Seminar. Es ging um einen Mann, dessen Vater bei der SS war. Der Stellvertreter des Mannes blickte seinen Vater an und sagte: »Ich sehe hier eine Reihe weißer Gestalten.« Ich habe daraufhin sechs Teilnehmer aus der Gruppe dazugestellt und ausnahmsweise, aus einem Impuls heraus, nichts über deren Rolle gesagt.

Meine Annahme, dass diese Gestalten alle für Opfer oder Täter stehen, erwies sich als falsch, denn nur fünf stellten sich als Opfer oder Täter dar. Die sechste Gestalt war eine Frau; sie sagte nach Beendigung der Aufstellung: »Ich gehörte nicht zu den fünfen. Ich verstärkte hier die Kräfte der Liebe.« Sie bewegte wie in Zeitlupe ihre Arme in nicht zu beschreibender Weise. Man hatte den Eindruck, als beeinflusste sie die Umgebung auf irgendeine Weise positiv. Als Therapeut war ich während dieser Situation zunächst ratlos, wusste ich doch nicht, was hier vorging.

Später erzählte die Frau: »Ich war wohl kein Mensch. Ich fühlte mich wie ein Engel. Meine Aufgabe ist es, Täter und Opfer einander näher zu bringen und die Schaffung des Friedens zu verstärken.« Auf sowohl distanzierende als auch gleichzeitig teilhabende Art und Weise unterstützte sie in der Aufstellung die Aussöhnung zwischen Tätern und Opfern.

Jene Frau ging im Seminar stets tief in die Rollen, und es bestand nie der Eindruck, als ob sie eigene Überzeugungen mit ins Geschehen hineinbringen wollte. Die Stellvertreterin wirkte natürlich, geerdet und keineswegs »engelhaft«, sondern durchaus bodenständig. Sowohl die Gruppe als auch ich – wir waren sprachlos angesichts dessen, was wir sahen.

Wenn man als Therapeut auf die Ebene der Bewegungen der Seele geht, kommt man in einen Bereich, in dem die Sprache versagt. Das oben Beschriebene sollte deswegen auch keinesfalls in irgendeiner Richtung ausführlich gedeutet werden.

Es genügt festzuhalten, dass es Kräfte gibt, die sich unserem Verstand entziehen. Jeder Mensch scheint zudem nicht nur mit der Familienseele verbunden zu sein, sondern auch mit tiefer wirkenden Mächten, die darüber hinausgehen. Über diese letzten Dinge kann Sprache fast nichts vermitteln, doch Bilder können entsprechende Wirkungen in unserem Inneren hervorrufen.

# Kinder sind klein und Eltern groß

Krankheit und seelisches Leid gehören zum menschlichen Leben. Besonders berührt es uns aber, wenn Kinder betroffen sind. Tief in ihrer Seele fühlen sich Kinder ihren Vorfahren verbunden und leiden. Mit seiner Krankheit oder seiner so genannten »Störung« will das Kind häufig auf Tabuisiertes in der Familie hinweisen. Aus der tiefen Liebe zu ausgeschlossenen Personen, zum Beispiel einer ersten Frau des Vaters, die im Kindbett starb, oder einem verschwiegenen Halbbruder, der ohne Unterstützung des Vaters ärmlich aufwuchs, fühlen jene Kinder mit, die aus einer späteren Ehe stammen. In diesem Fall ist es für eine therapeutische Arbeit mit dem betroffenen Kind bedeutsam, den Blick auf die Ausgeklammerten zu richten und das ganze Familiensystem zu berücksichtigen.

Jenseits familiärer Verstrickungen ist es für die Erziehung von Kindern und Jugendlichen wichtig, einige grundlegende Bedingungen zu beachten. Kinder sind immer die Kleinen, und Eltern sind die Großen. Eltern geben und Kinder nehmen. Als Erstes geben die Eltern das Leben; sie geben es, ohne dass dabei Moral im Sinne von »Gut und Böse« mit im Spiel ist. Elternschaft ist etwas so Großes, dass sie »jenseits von Gut und Böse« steht. Das Gefälle zwischen dem Geben der Eltern und dem Nehmen der Kinder ist in keiner Weise zu unterschätzen. Neben dem Leben geben die Eltern aber noch viel mehr: Sie geben ihm zum Beispiel Nahrung und Obdach, sie widmen ihm einen großen Teil ihrer Zeit, und sie verzichten dafür auf vieles, was ihnen bislang das Leben angenehm gemacht hat. Durch die Erziehung und eigenen Verzicht dienen die Eltern dem Leben.

Zur natürlichen Ordnung in der Familie – womit wie gesagt keinerlei moralische Wertung gemeint ist – gehört demnach, dass die Eltern vor ihren Kindern kommen und ihnen damit übergeordnet sind. Doch es haben auch die älteren Geschwister

Vorrang vor den jüngeren und leibliche Kinder vor Adoptivkindern. In der Erziehung ist es wichtig, dass Eltern ihren Kindern Halt geben. Halt bekommt das Kind, wenn Eltern in ihrem Verhalten verlässlich und berechenbar sind; Mutter und Vater können dem Kind deutliche Grenzen setzen. Da die Eltern in ihren Elternhäusern in der Regel unterschiedliche Grenzen erfahren haben, müssen sie sich in der Erziehung einigen, wo die Grenze für das Kind liegen soll. Wenn der Vater eine andere Grenze setzt als die Mutter, ist das Kind verunsichert und spielt oft die Eltern gegeneinander aus.

Letztlich befolgt und erkennt das Kind immer als richtig an, was Vater *und* Mutter in ihrer eigenen Familie entweder gefehlt hat oder was ihnen wichtig war. Wenn sich beispielsweise die Mutter mit ihren Wertvorstellungen in der Erziehung der Kinder durchsetzt, dann folgt das Kind zwar vordergründig der Mutter, aber hintergründig ist es mit dem Vater solidarisch. Das Kind folgt auf einer Ebene dem, der sich durchsetzt, verwirklicht dann aber das Hintergründige, das nicht sein darf.

Kinder wollen es in ihrer Liebe immer *beiden* Eltern recht machen. Dies geschieht unbewusst. Man kann dies auch als ein Sichverbünden mit dem unterlegenen Elternteil betrachten. Wenn zum Beispiel ein geschiedener Vater zu seiner Tochter sagt: »Werde ja nicht wie deine Mutter! Die ist eine Schlampe und Versagerin! Die ist die Allerschlimmste!«, so solidarisiert sich das Kind mit der Mutter, denn in der Seele »ist« jedes Kind sowohl seine Mutter als auch sein Vater! Es kann gar nicht anders als werden wie sie.

Wenn der Vater sagt: »Du darfst werden wie ich, und du darfst auch werden wie deine Mutter«, braucht das Kind die problematischen Seiten der Mutter nicht zu übernehmen. Das Kind nimmt von den Eltern, was es zum inneren Wachstum benötigt. Wenn Eltern ihre Kinder aufmerksam anschauen, können sie erkennen, wo und wie sie von ihnen geliebt werden. Bert

Hellinger hat in diesem Zusammenhang eine tiefe Einsicht ausgesprochen, die uns schon als Motto zu diesem Buch begegnete.
Sie ist so bedeutsam, dass sie hier noch einmal wiedergegeben
wird:

*Was den Eltern in ihrer Paarbeziehung in Achtung und Liebe
gelingt, das gelingt ihnen auch gegenüber dem Kind. Und was
ihnen in ihrer Paarbeziehung an Achtung und Liebe und Hilfe
gegenüber dem Partner mißlingt, das mißlingt ihnen auch gegenüber dem Kind.*

*Wenn aber ihre Liebe zum Kind ihre Liebe zueinander nur
fortsetzt und krönt, dann fühlt sich ihr Kind von beiden Eltern
gesehen, genommen, geachtet, geliebt und weiß sich in Ordnung
und gut.*[5]

Hier lässt sich noch ergänzen, dass das, was Vater und Mutter
aneinander auszusetzen haben, sie ebenso am Kind stören wird!
Bei Erziehungsproblemen ergibt sich aus dem Gesagten also
eine Lösung: Indem die Eltern sich achten, werden sie auch das
Kind achten. Außerdem können sich die Eltern auf ein neues
Wertesystem einigen, in dem die Werte beider in der Erziehung
zum Ausdruck kommen.

Ein anderer Erziehungshinweis aus systemischer Sicht betrifft
das Verhalten der Eltern, wenn sie einmal Fehler gemacht haben. Damit die Eltern weiterhin groß und die Kinder klein sein
können, sollten Eltern ihre Kinder nie um Verzeihung bitten. In
solch einem Fall werden die Kinder den Eltern böse, denn ein
Verzeihung gewährendes Kind kommt automatisch in die Position des Stärkeren. Doch können Eltern, wenn sie ein Unrecht
getan haben, dem Kind sagen: »Es tut mir Leid.«

Erziehung im Alltag gelingt, wenn sowohl die Liebe als auch die
von den Eltern aufgestellten Regeln zu ihrem Recht kommen.
Weder die elterliche Liebe allein hilft dem Kind noch das Einhal-

---

[5] Hellinger: *Die Mitte fühlt sich leicht an*, a. a. O.

ten von Regeln; erst beides gemeinsam gibt dem Kind Sicherheit! Eltern, die keine Grenzen setzen, werden von den Kindern als schwach erlebt. Oberflächlich betrachtet, freut sich das Kind über seine große Macht, doch innerlich leidet es. Umgekehrt ist es bei Kindern, denen man ihre große Macht wieder wegnimmt: Zunächst reagieren sie unzufrieden, doch in ihrem Inneren atmet alles auf. Ein Beispiel aus dem ganz gewöhnlichen Alltag einer von mir beobachteten Mutter soll das zeigen.

Wer kennt sie nicht, jene Szenen, in denen Kinder ihre Eltern bis zur Weißglut reizen? Ein kleiner Junge verspritzt mit dem Löffel den Tee im Wohnzimmer und zieht seine Mutter immer wieder kräftig an ihren langen Haaren.

»Wenn du jetzt nicht aufhörst, Christian, dann geschieht was!«, schreit die Mutter.

Das Kind ist für eine halbe Minute still und brav, dann lächelt es und beginnt das Spielchen von vorne.

»Christian! Bitte! Ich sag's dir!«

Wieder ist das Kind eine halbe Minute ruhig, dann ärgert es die Mutter erneut.

»Wie oft soll ich dir noch sagen, dass du mich nervst?!« Die Stimme der Mutter überschlägt sich, wird kindlich, sie ist den Tränen nahe. »Du bringst mich um! Wenn du jetzt nicht aufhörst, passiert was!« Nach einem Seufzer: »Ich flehe dich an!«

Das herzerbarmende Flehen der Mutter scheint das Kind nicht zu rühren – im Gegenteil! Er wird noch böser und ist zu Steigerungen seiner Neckereien fähig. Warum sind Kinder so »grausam«? Als Beobachter der Szene verkrampft sich alles in mir. Es schmerzt mich körperlich, das alles mit ansehen zu müssen. Endlich, nach einer Viertelstunde, kommt eine Erleuchtung über die Mutter: »Das ist die letzte Warnung! Noch ein einziges Mal, dann musst du allein in dein Zimmer gehen!«

Wie nicht anders zu erwarten, macht Christian seine »Psychospielchen« weiter, denn schließlich muss er wissen, ob sie es ernst meint.

Ohne weitere Erklärung schnappt sich die Mutter energisch ihren wild protestierenden Sprössling und bringt ihn ins Kinderzimmer. Das Gespräch zwischen den Erwachsenen kann nun endlich ungestört fortgesetzt werden.

Nach einer halben Stunde schaut die Mutter dann wieder ins Kinderzimmer. Christian strahlt über das ganze Gesicht und umarmt heftig und innig seine Mama. Anschließend ist er das liebste Kind, das man sich vorstellen kann!

Alles, wonach seine Seele wirklich schrie, war das Bedürfnis, eine starke Mutter zu erleben, eine Mutter, die fähig ist, klare Grenzen zu setzen. Erst wenn das Kind »große«, starke Eltern erlebt, fühlt es sich geborgen und sicher. Um dieses Ziel zu erreichen, lohnt sich aus dem Blickwinkel des Kindes auch ein »größerer Aufwand«.

Weil Eltern zunehmend zu den »Freunden« ihrer Kinder werden, statt Eltern zu sein, werden die Kinder immer mächtiger. Für »fortschrittliche Eltern« gehört es dazu, sich von den Kindern mit dem Vornamen anreden zu lassen. Doch einen »Helmut« oder eine »Marianne« kann das Kind viele im Leben als Freunde finden, einen Vater oder eine Mutter hat es jeweils nur einen. Wenn Kinder ihre Eltern nicht mehr mit »Papa« oder »Mama« anreden, besteht die Gefahr, dass das Einzigartige an der Beziehung zwischen Eltern und Kindern verloren geht. Doch für das Kind ist es wichtig zu wissen, dass »Helmut« in erster Linie der Papa ist und niemand anderes. Umgekehrt stärkt es auch die elterliche Position, wenn ein Vater mit »Papa« oder »Vati« angeredet wird.

Wenn Kinder »Freunde« ihrer Eltern sind, besitzen sie zu viel Macht. So darf man sich nicht wundern, dass sie die Eltern tyrannisieren und ihnen böse sind, denn die kindlichen Störaktionen sind nur ein Hilferuf: »Wann werdet ihr endlich begreifen, was ich wirklich will?« Eltern tun gut daran, ihren Kindern klar zu vermitteln, wer das Sagen hat. Die Mutter in unserem Beispiel hatte sich von ihrem Sohn viel zu lange auf dem Kopf herumtanzen lassen. Für Eltern ist es ratsam, ihren Kindern rechtzeitig klare Alternativen aufzuzeigen, damit diese wissen, womit sie zu rechnen haben.

Meiner Erfahrung nach kommen viele Verhaltensauffälligkeiten von Kindern dadurch zustande, dass sie ihrem Vater oder ihrer Mutter Ersatzpartner sind. Diese Rolle ist den Kindern viel zu groß, sodass sie leiden, denn sie bestrafen sich für die Anmaßung, die in ihrer »neuen Rolle« zum Ausdruck kommt. Dem können Eltern vorbeugen, indem sie sich selbst groß und ihr Kind als klein sehen. Wenn dies einem Vater oder einer Mutter Probleme macht, helfen folgende Fragen oft weiter: »Von welchem meiner Eltern brauche ich noch etwas? Was habe ich selber als Kind von meinen Eltern noch nicht genommen? Gibt es Probleme in meiner Partnerschaft?«

Ein Beispiel: Eine allein erziehende Mutter hatte ihren sechzehnjährigen Sohn in die Rolle des Ersatzpartners schlüpfen lassen. Dies war schon bei einem Telefonanruf in der Praxis deutlich. Sie sprach zu ihrem Sohn: »Liebling, machst du bitte das Radio etwas leiser, ich telefoniere gerade.« Das »Liebling« war voller »Schmelz« und in die Länge gezogen, so wie man es aus den Liebesfilmen der fünfziger Jahre kennt!

Roland, der Junge in unserem Beispiel, hatte extrem viel Macht. Anette, die Mutter, fürchtete sich zuweilen sogar vor ihm. Alle wichtigen Entscheidungen wurden von ihm getroffen. Deutlich wurde das beispielsweise bei einem Autokauf: Obwohl die finanzielle Situation der kleinen Familie keineswegs rosig war, bestimmte Roland, welches Auto zu kaufen war. Es war ein recht teures Auto – und die Mutter gehorchte ...!

Doch finanzielle Nöte ließen Anette bereuen, dass sie ihren Sohn die Entscheidung hatte treffen lassen. Sie schmiedete den Plan, seinen Urlaub mit einer Jugendgruppe zu nutzen, um das Auto

heimlich wieder zu verkaufen und ein preiswerteres zu beschaf-
fen. Doch sie hatte fürchterliche Angst: »Was wird mein Sohn
mit mir anstellen? Er wird nur toben und schreien, und dann
wird alles nur noch schlimmer. Wie soll ich ihm das alles nur
erklären?«

»Gar nicht!«, gab ich ihr zur Antwort. »Du machst, was du für
richtig hältst, und stellst ihn vor vollendete Tatsachen. Wenn er
Erklärungen von dir will, erwiderst du mit ruhiger, freundlicher
Stimme: ›Ich tue, was ich für richtig halte.‹ Dann kannst du
sogleich das Thema wechseln.« Es ist gut für Anette, die Angele-
genheit wie eine Nebensache zu behandeln.

»Aber das ist ja Revolution! Wie soll er das verstehen, wenn ich
plötzlich die Zügel in die Hand nehme? Die ganzen Jahre war
doch *er* der Boss und nicht ich. Ich kann mir nicht vorstellen,
dass das funktioniert!«, rief sie aus.

»Mach's einfach!«, riet ich ihr. »Wir werden dann darüber reden,
wie es war.«

Sie machte es tatsächlich und war ziemlich erstaunt, was geschah: Der Sohn protestierte zwar ein wenig, doch er lachte und
bestand nicht mehr auf dem teuren Auto. Von Wut konnte gar
keine Rede sein! Anette wollte in seiner Mimik sogar deutlich
erkannt haben, dass er über ihre plötzliche Stärke erleichtert
war! Diese Erfahrung wird ihr helfen, in Zukunft zwar liebevoll,
aber doch auch als Elternteil und nicht in der Kindrolle gegenüber ihrem Sohn aufzutreten. In der Seele des Jungen kommt
dadurch jedenfalls etwas zur Ruhe.[6]

Damit kein Missverständnis aufkommt: Eine rigide und autori-
täre Erziehung schadet den Kindern. Zuweilen müssen Kinder
auch die von den Eltern aufgestellten Regeln übertreten! Das gehört zum Spiel dazu. Nur dadurch, dass Regeln ausnahmsweise

---

[6] In überarbeiteter Form entnommen aus meinem Buch: *Was die Seele krank
macht und was sie heilt,* a. a. O., S. 110 ff.

auch übertreten werden, behalten sie ihre Kraft! Eine gesunde Ich-Stärke entwickelt ein Kind, wenn es Verbote der Eltern auch einmal übersieht. Oft müssen die Eltern sogar heimlich hoffen, dass ihr Kind ein Verbot missachtet. Wenn das Kind das dauerhaft nicht tut, ist dies schlimm für Eltern und Kinder. Doch wenn, wie in der antiautoritären Erziehung, die Eltern alles erlauben, ist es ebenfalls schlimm, denn das Kind kann keine seelische Kraft entwickeln und fühlt sich orientierungslos und schwach.

## Kindzentrierte und systemische Therapie

Die Therapie von Kindern und Jugendlichen wird erfolgreich sein, wenn nicht allein das Kind im Brennpunkt der Aufmerksamkeit steht, sondern auch sein Umfeld und sein Familiensystem. Da die Kinder die schwachen Mitglieder des Familiensystems sind, spüren sie als Erste, was das System braucht. Häufig benötigt das Familiensystem die Anerkennung und die Achtung von Schwerem, das in der Vergangenheit geschah. Dieses Leidvolle gelangt in der Ahnenreihe über die Eltern zu den Kindern. Wenn nun die Eltern nicht bereit sind, über den Tellerrand der von den Kindern gezeigten Symptome hinauszublicken, wird sich nicht selten wenig zum Guten ändern. Dies soll nicht heißen, dass eine auf die Gegenwart und auf Verhaltensänderung zentrierte Therapie des Kindes keine Linderung und Lösung erzielen kann. In mehreren Kapiteln dieses Buches, zum Beispiel in dem Abschnitt über das Bettnässen, werden wir in der Tat sehen, dass bei leichteren Störungen eine kindzentrierte Therapie ausreichend sein kann. Doch gerade wo es um Schweres oder gar um Leben und Tod geht, ist eine weitere Perspektive hilfreich, die auch ferner zurückliegende Schicksalsschläge in der Familie berücksichtigt.

Wie wichtig bei erkrankten Kindern eine familiensystemische Sichtweise ist, zeigen die Erfahrungen des französischen Psychiaters François Tosquelles, der Leiter eines psychiatrischen Krankenhauses ist. Wenn ein psychotisches Kind in seinen Symptomen deutlich gelindert oder gar als geheilt entlassen worden war, dauerte es nicht lange, bis ein weiteres Kind derselben Familie psychotisch wurde und in die Klinik kam. Die französische Psychologin Anne Ancelin Schützenberger beruft sich auf Tosquelles und kommt zu dem Schluss, dass wir, wenn wir eine Einzelperson behandeln, ohne eine Mehr-Generationen-Perspektive einzunehmen, in der Therapie oft nur wenig erreichen können.[7]

Ein leitender Psychologe eines Heimes für verhaltensauffällige Jugendliche und auch solche, die versucht hatten, sich umzubringen, berichtete über seine Arbeit: In jener Einrichtung wird vor allem mit Methoden der Verhaltenstherapie gearbeitet; Belohnung und strenge Bestrafungen werden je nach gewünschtem Verhalten eingesetzt. Tatsächlich finden sich für die Statistik erfreuliche Heilungsquoten. Dennoch war der Psychologe unzufrieden: »In den traurigen Augen der ›geheilten‹ Kinder sehe ich, dass sie immer noch so unglücklich sind wie zu Beginn der Therapie. Doch die Symptome, derentwegen sie zu uns gekommen waren, sind nach dem Aufenthalt bei uns tatsächlich verschwunden.« Hier stellt sich die Frage, ob für das, was man »Heilung« nennen kann, das Wegbleiben der Symptome als alleinige Entscheidungsgrundlage ausreicht oder ob Heilung nicht als ein ganzheitlicher Begriff verstanden werden muss.

Manchmal sieht ein Behandler das Kind als Einzelwesen, dessen Rechte und Bedürfnisse es zu schützen und zu verteidigen gilt – auch gegen die Eltern. Zuweilen versucht der Therapeut sogar,

---

[7] Anne Ancelin Schützenberger: *The ancestor syndrome – transgenerational psychotherapy and the hidden links in the familiy tree,* London 1989, S. 36.

sich mit den Kindern gegen die Eltern zu verbünden. Eine solche Therapie kann letztlich nicht gelingen. Beispielsweise wird selbst ein sexuell missbrauchtes Kind seinen angeklagten Elternteil schützen. Dabei spielt es keine Rolle, ob es zusammen mit dem Therapeuten auf die Eltern schimpft. Auf einer tieferen Ebene sind Kinder stets mit ihren Eltern solidarisch. Wer hier ausschließlich kindzentriert arbeitet, kann die Dynamik des Missbrauchs nicht erfassen und dem Kind auch nur wenig helfen. Therapie mit Kindern darf nicht nur auf die Kinder, sondern muss auch auf die Eltern und ihre Verbindung zum Familiensystem schauen.

Bert Hellinger hat einmal eine erhellende Geschichte hierzu erzählt. Eine Frau, die die zweite Frau ihres Mannes war, litt darunter, dass ihr einziges Kind, eine Tochter, von ihr und ihrem Mann gar nichts mehr wissen wollte. Die Tochter hatte jeden Kontakt zu den Eltern abgebrochen. Da ist der Frau plötzlich der Gedanke gekommen, dass noch etwas in Ordnung gebracht werden müsste in Bezug auf den Vater des Mannes und der ersten Frau des Mannes, die ausgeklammert und verachtet wurden. So hat sie dann am Abend eine Kerze am Fenster angezündet und sich vor der ersten Frau des Mannes tief verneigt und ihr gesagt: »Ich gebe dir die Ehre.« Am darauf folgenden Abend hat sie Ähnliches mit dem Vater ihres Mannes gemacht.

Nur wenige Tage später rief die Tochter an und meldete sich überraschend für einen Besuch an. Als sie kam, war sie überglücklich und konnte sich nicht genug darüber äußern, wie wunderbar alles zu Hause war.[8]

Die Art und Weise, wie zuweilen in der Psychotherapie Systemisches ausgespart bleibt, kann einen schon nachdenklich machen. Vor einiger Zeit kam eine Frau in meine Praxis, die unter

---

[8] Bert Hellinger: *Die Quelle braucht nicht nach dem Weg zu fragen – Ein Nachlesebuch,* Heidelberg 2001, S. 134.

schweren Depressionen litt. Sie hatte bereits jahrelange Therapien mit verschiedenen Therapeuten hinter sich, ohne dass eine Besserung erzielt worden wäre. Die Eltern dieser Frau hatten das KZ Auschwitz überlebt, doch mehrere Verwandte waren ermordet worden. Auf meine Frage, ob dieser schwere Familienhintergrund in ihrer Psychotherapie eine Rolle gespielt habe, sagte sie nein. Die Mehrzahl der Therapeuten hatte überhaupt nicht danach gefragt, was im Stammbaum vorgefallen war! Und jene, die es taten, hatten es nicht in Beziehung zur Depression der Frau gebracht! Es ist kaum vorstellbar, dass solche Ereignisse in der Familie wirkungslos auf später Geborene bleiben können. Wer therapeutisch mit Kindern arbeitet, sollte deshalb deren Familiengeschichte kennen und die Zusammenarbeit mit den Eltern suchen.

Es folgt nun die Geschichte von Peter, die dieses Spannungsfeld zwischen kindzentrierter und systemischer Zugangsweise anschaulich machen soll. Peter, vierzehn Jahre alt, ist sprach- und entwicklungsverlangsamt. Seine Mutter heißt Bianca. Ärzte und Therapeuten waren sich über die Bestimmung von Peters Störungen uneins. Ein Arzt war der Meinung, Peter sei leicht geistig behindert. Ein Psychiater jedoch widersprach dem. Peters langsames und ungenaues Sprechen sei kein Beleg für eine geistige Behinderung. Er sah in Peter einen zwar entwicklungsverlangsamten Jungen mit Verhaltensauffälligkeiten, doch geistig behindert sei er nicht.

Trotz Biancas Bemühungen wurde Peter nicht in einer üblichen Grundschule zugelassen. Nach dem Besuch einer Sprachheilschule kam er auf eine Schule für Lernbehinderte. Mit dem Schreiben und Sprechen ging es sehr mühsam voran.

In einem ersten Gespräch erzählt Bianca über die zurückliegenden Jahre. In der Kleinkindphase sei ihr Mann Bruno mit dem Kind immer ungeduldiger geworden: »Jetzt fang endlich mal an zu sprechen. Es wird Zeit!«, habe der Vater immer wieder gesagt.

Mit etwas Zeit und Geduld konnten die Eltern dann ab dem vierten Lebensjahr ihren Sohn zumindest ein wenig verstehen.

Bianca versucht im Gespräch, ihrem Mann die Schuld für Peters Störung in die Schuhe zu schieben: »Peter hat durch Brunos Ungeduld einen Schock erlitten. Deswegen hat er sich erst so spät dem Lernen und Sprechen geöffnet.« Als ich vorsichtig einwerfe, dass Peter doch schon von Anfang an sprachliche Probleme gehabt habe, wehrt Bianca ab.

Überhaupt fällt in ihrer Schilderung auf, dass immer die anderen an Peters Problemen schuld seien. Alle Therapeuten, die Peter bislang gehabt hatte, hätten ihn nicht richtig gefördert, Fehldiagnosen gestellt und anderes mehr und dadurch die Probleme des Kindes nur noch verschlimmert. Peter habe es auch nie lange bei ein und demselben Therapeuten ausgehalten. Seine mangelnde Konzentration und seine Aggressionen hätten oft zu einem schnellen Ende von Behandlungen geführt, weil man angeblich keine Geduld mit ihm gehabt hatte. Überhaupt seien alle Therapeuten bislang »äußerst unfähig« gewesen.

»Und was erwarten Sie jetzt von mir? Meinen Sie, ich mache es besser als die anderen vor mir? Ich bin nur ein gewöhnlicher Behandler, so wie alle anderen auch«, sage ich der Mutter.

Eine Bekannte hatte Bianca erzählt, dass es im Bereich des NLP und der Kinesiologie[9] Übungen gebe, die bei Erwachsenen und besonders auch Kindern mit Schreib-, Sprach- und Lernschwierigkeiten helfen können. Bianca will, dass ich mit Peter solche Übungen mache. Sie selber hat den Eindruck, Peter könne viel besser sprechen und lernen, doch er wolle einfach nicht. So habe sie ihn schon als kleines Kind öfter heimlich dabei beobachtet, dass er relativ fehlerfrei mit sich selber Sätze übe, die er im Beisein der Eltern und mit anderen sich nie zu sprechen traue.

[9] Kurzzeittherapeutische Methoden. NLP = neurolinguistisches Programmieren.

Des Weiteren soll ich, wie Bianca sich ausdrückt, bei seinen »Blockaden im Unterbewussten« helfen: Seine Aggressionen sollen abgebaut werden, sodass sein Verhalten anderen Kindern und auch Lehrern gegenüber sozialer wird.

Ebenfalls noch in diesem ersten Gespräch mit Bianca gehen wir den Familienstammbaum durch. Dabei gibt es relativ wenig Auffälliges zu verzeichnen: Bianca hat sich von ihrem Mann Bruno vor neun Jahren scheiden lassen; Peter wuchs dann bei ihr auf, doch Bruno habe regelmäßig Kontakt zu seinem Sohn. Sie sieht den Kontakt von Vater und Sohn nicht gern, denn Bruno zahle den Unterhalt nicht immer pünktlich.

Im Stammbaum des Mannes sei alles »normal«, sagt Bianca. Er ist das jüngste von sechs Geschwistern und stammt aus einem behüteten Elternhaus. Von Schicksalsschlägen in der Familie, auch von weiter zurückliegenden, weiß sie nichts zu berichten. Bei ihr selbst sei ebenfalls alles »normal«: Bianca ist das mittlere von fünf gesunden Kindern. Die Eltern hatten früh geheiratet; sowohl die Eltern als auch Bianca und ihr Mann hatten keine früheren Partner gehabt, nur einige flüchtige Beziehungen. Auch bei den Geschwistern von Vater und Mutter ist nichts Schwerwiegendes zu berichten. Alles ist »normal«: Es gibt weder Behinderungen, noch ist jemand an einer Krankheit früh gestorben oder im Krieg geblieben.

Mir fällt auf, wie wichtig Bianca der Umstand ist, alles sei »ganz normal«. Die häufige Erwähnung dieses Wortes ist auffällig, sodass ich nach der Sitzung den Eindruck habe, hier könnte etwas Wesentliches verschwiegen worden sein.

Als Bianca ihren Sohn zum ersten Mal an die Praxistür bringt, sehe ich einen verschüchterten Lausbub, hinter dessen Ängstlichkeit ein verschmitztes Lächeln durchscheint; sein ansonsten oft aggressives Verhalten ist zumindest in diesem Moment verflogen. Bianca hatte mich vorgewarnt: »Dieses Kind verpasst seinen Lehrern oft ›Bodychecks‹. Passen Sie gut auf sich auf!

Seine gute Laune kann blitzschnell umschlagen, und er tritt wie wild um sich. Passen Sie auf sich auf!«

Peter ist nun allein mit mir. Um sein Vertrauen zu gewinnen, frage ich nach den Dingen, die ihm Spaß machen. »Nichts macht mir Spaß«, nuschelt er vor sich hin, ohne mich anzuschauen.

»So geht's mir manchmal auch«, stimme ich ihm zu, »mir ist manchmal auch alles zu viel.«

Jetzt platzt es aus ihm heraus: »Diese blöde Tanner. Sie hat mich heute wieder geärgert, die dumme Kuh!«

Ich habe Mühe, Peters verwaschene Sprache zu verstehen. Oft wiederhole ich Worte und Sätze, um mich zu vergewissern, dass ich ihn richtig verstanden habe. Es stellt sich heraus, dass »Tanner« seine Lehrerin in der Schule für Lernbehinderte ist. Er erzählt mir, dass sie unzufrieden mit ihm ist.

Peter schaut mir nun zum ersten Mal offen ins Gesicht, wenn auch noch etwas ängstlich und abwartend. Ich probiere es jetzt noch einmal: »Was macht dir denn Spaß, Peter? Ich habe mich in deinem Alter für Fußball interessiert.«

Diesmal habe ich mehr Glück! Peter springt auf den fahrenden Zug auf: »Fußball, ja!« Er ist Fan von Werder Bremen. Peter fragt mich, ob ich das auch sei. Ich sei doch wohl hoffentlich kein Fan von Bayern München. »Ich hasse die Bayern!«, ruft er leidenschaftlich aus.

Wahrheitsgemäß antworte ich, dass Bayern München noch nie mein Fall war und mein Herz für Borussia Mönchengladbach schlägt. »Die mag ich auch!«, bekennt Peter, und wir tauschen uns aus, was wir an unseren Mannschaften mögen und wie sie zuletzt gespielt haben.

Auch Tiere liebt Peter: »Ich liebe alle Tiere!« Peter strahlt. Delfine und Falken haben es ihm besonders angetan. Zu Hause hat er ein Meerschweinchen, das »Pümmi« heißt, und einen Wellensittich, der einen für mich unaussprechlichen Namen trägt. Ich wiederhole den Namen, und Peter prustet vor Lachen, weil ich so ungeschickt im Sprechen bin! Er erklärt es mir, doch ich verstehe es immer noch nicht, und Peter muss wieder laut lachen: »Fokkter« klingt es gesprochen.

An dieser Stelle führe ich Timo ein. Timo ist ein »erfahrenes« Plüschtier in meiner Praxis, ein Koalabär. Ich zeige Peter das Stofftier, und er will es sofort in den Arm nehmen. Er reißt es mir fast aus der Hand und drückt es fest an seine Wange: »Der ist lieb«, sagt er ein bisschen traurig. Die anderen Stofftiere interessieren ihn im Moment nicht. Wie Peter mir noch berichtet, mag er auch »Wettrennen«. Er läuft in der Schule oft mit anderen Kindern um die Wette.

Es klingelt an der Tür. Bianca ist gekommen. Schneller als gedacht ist unsere erste Stunde vorbei. Am nächsten Morgen findet sich auf meinem Anrufbeantworter Biancas Stimme: »Peter hat es gut bei Ihnen gefallen. Er freut sich schon jetzt, dass er nächste Woche wieder kommen darf.« Auch ich freue mich auf die nächste Stunde mit dem Jungen.

In der zweiten Sitzung begrüßt mich Peter schon recht vertraut. Er erzählt mir wieder von der Schule. Er hat sich mit einem anderen Jungen gestritten, und »die Tanner« hat dem anderen Jungen Recht gegeben, »diese ›blöde Kuh‹«. Peter verrennt sich in seine aggressive Stimmung, und selbst das Spielen mit den Stofftieren holt ihn nicht wieder heraus; im Gegenteil: Peter nimmt Timo in die Hand und schlägt ihn mir auf den Kopf: »Diese dumme Tanner!«

»Ich bin nicht Frau Tanner!«, protestiere ich.

»Macht nichts«, meint Peter und haut weiter auf mich ein. Langsam gebe ich ihm körperlich Widerstand und halte Timo immer etwas fester, wenn er ihn auf mir niedersausen lässt. Schließlich befinden wir uns in einer Art Ringkampf. Peter macht das Spaß. Es freut ihn offensichtlich, dass ihm jemand eine sanfte Kraft entgegensetzt. Plötzlich lacht er auf und hält inne. Er blickt mich offen an.

»Deine Mama will, dass ich ein paar Sprachübungen mit dir mache. Sie meint, es könnte gut für dich sein«, nutze ich die Gelegenheit aus, »betrachte es einfach als ein Spiel. Timo wird uns bei dem Sprachspiel helfen.«

»Ja, Timo, Timo«, stimmt Peter lebhaft zu.

Wir legen Timo in den Mund, was er sagen soll. Anschließend beginnt Peter auf Blanko-DIN-A4-Bögen zu schreiben, auf liniertem Papier ist es ihm zu schwer. Peter schreibt ungefähr sechsmal so große Buchstaben, wie es sonst üblich ist. Für mich ist es verblüffend, wie gut es geht. »Wenn ich will, ist es nicht so schlecht«, sagt Peter. Anschließend führe ich mit ihm einige leichte Übungen aus dem Bereich NLP und Kinesiologie durch.

In den nächsten Sitzungen läuft es ähnlich. Peter entwickelt immer mehr Vertrauen zu mir, und wenn ihm die Sprach- und Schreibübungen zu viel sind, malen wir auch mit Buntstiften. Einmal malt er auf meinen Vorschlag hin seine Eltern und sich. Die Mutter ist links, der Vater rechts, und er selber steht in der Mitte zwischen den beiden. Diese Konstellation findet man häufig, wenn die Eltern geschieden sind: Das Kind steht zwischen den Eltern.

Während die Eltern auf dem Bild klein sind, hat sich Peter als Kind doppelt so groß gemalt! Diese »Pufferposition« verdeutlicht oft, dass das Kind als »Brücke« für die Erwachsenen dient. Es befindet sich in einer Rolle, die für ein Kind viel zu bedeutend ist. Solche Kinder versuchen, zwischen den Großen auszugleichen, doch der seelische Preis dafür ist hoch; sie sind psychisch meist gefährdet.

Es ist Zeit, ein weiteres Gespräch mit Bianca zu führen. Ich will sie auch darauf ansprechen, warum Peter seinen Vater so verachtet. Peter hat nur verächtliche Handbewegungen und Ausdrücke für ihn übrig, wenn von seinem Vater die Rede ist. In dem dann stattfindenden Gespräch erzählt Bianca, dass es

Peter gut geht und er sich immer noch auf die Sitzungen freut. Plötzlich verfällt sie in Selbstmitleid: »Ach, wenn ich den Peter nicht hätte, dann wäre ich wohl schon längst nicht mehr auf der Welt. Das Leben macht doch gar keinen Sinn!« Die Tränen rinnen ihr über die Wangen. Bianca macht einen verwirrten Eindruck. Sie erzählt davon, dass sie Bruno ja immer noch ein klein wenig liebe, aber er würde wohl bald sterben.

»Hat er eine lebensbedrohliche Krankheit?«, frage ich.

Bianca verneint. Sie hat einfach die Fantasie, dass er bald stirbt.

»Wieso sollte er sterben?«, frage ich nach.

Bianca meint, er könne ja durch einen Unfall sterben. Sie beginnt über ihre gescheiterte Ehe zu reden, und es fällt auf, dass sie jedes Mal, wenn sie über Bruno spricht, laut lacht. Sie verachtet ihn! Wünscht sie ihm den Tod? Und wenn ja, warum?

Bianca zupft sich verlegen an der Nase: »Ach, wissen Sie, ich muss Ihnen da was sagen. – Bruno ist gar nicht der richtige Vater von Peter!«

Endlich kommt es heraus! Demnach ist tatsächlich nicht alles so »normal«, wie es im ersten Gespräch scheinen sollte. Und dann folgt eine außergewöhnliche Geschichte.

Während ihrer Ehe hatte Bianca ein Verhältnis mit ihrem Chef angefangen, das bis zum heutigen Tage besteht. Sie wollte ein Kind von ihm, womit dieser auch einverstanden war. Die Zeugung von Peter war also kein unbeabsichtigtes Ereignis, sondern es geschah willentlich! »Ich wollte unbedingt ein Kind von ihm!«, sagt Bianca. Sie fand nicht im Geringsten etwas dabei, Peter ihrem Mann unterzuschieben.

Für beide spielte es keine Rolle, dass sie jeweils verheiratet waren. Der Chef hat aus seiner auch heute noch bestehenden Ehe drei Kinder. Doch Peter hat nicht nur diese drei älteren Halbgeschwister, die er noch nie zu Gesicht bekam, sondern zusätzlich noch ein viertes, ebenfalls älteres: Der Chef hat zusammen mit einer anderen Frau ein weiteres uneheliches Kind in die Welt gesetzt.

Sowohl von Peter wie auch diesem anderen außerehelichen Kind weiß die Ehefrau bis heute nichts. Bruno, Biancas geschiedener Mann, hat ebenfalls bis dato keine Ahnung, dass Peter gar nicht sein Sohn ist. Bianca hat ihren Mann hintergangen: Nicht nur, dass sie ihn betrog; sie zeugte mit einem anderen Mann absichtlich ein Kind und hatte schon vorher geplant, es Bruno unterzuschieben. Einige Jahre später ließ sie sich dann scheiden und erhält bis jetzt widerrechtlich Geld von ihm! Bianca und ihr Liebhaber leben somit intensiv auf Kosten Dritter.

Biancas Phantasien, Bruno könne doch demnächst bei einem Unfall sterben, erscheinen somit in einem neuen Licht. Wenn Bruno stürbe, wäre ihr Gewissenskonflikt endlich beendet, wie sie vielleicht meint. Des Weiteren werden auch Peters unkontrollierte Wutausbrüche nachvollziehbar. Bei ruhiger Betrachtung wird klar, wer in diesem Familiensystem wirklich ein Recht auf Wut hat: Bruno! Ihm wurde übelst mitgespielt. Peter jedoch solidarisiert sich mit seiner Mutter: Da sie verachtend über Bruno denkt und spricht, macht er es ebenso, auch wenn er tief in seiner Seele ahnen mag, wie sehr seinem Stiefvater Unrecht geschieht. Ebenfalls ein Recht auf Wut hat in diesem Familiensystem die Ehefrau des Chefs.

In Peters Aggressionen, Lern- und Verhaltensproblemen kanalisiert sich mutmaßlich einiges von dem, was im Familiensystem keinen Platz finden darf. Seinen wirklichen Vater erlebt Peter im Durchschnitt einmal im Monat bei einem kurzen Treffen. Der Chef wird Peter als »Onkel« vorgestellt. Peter hat seinen Vater seit seiner Geburt nie länger als zehn Minuten ohne Unterbrechung erlebt.

Wie könnte ein Kind bei einer derartigen Täuschung im Familiensystem »normal« bleiben? Ein Kind, das seit seiner Geburt mit so viel verkehrter Wirklichkeit konfrontiert ist und das in

einer Familie lebt, wo das Zulassen der Realität ängstlich aus-
gesperrt bleibt, muss darauf reagieren: Es kann seinen mit den
Sinnen gemachten Wahrnehmungen nicht trauen! Beispielsweise weiß die Seele des Kindes, wer tatsächlich der Vater ist,
doch seine fünf Sinne vermitteln ihm seit Jahren, dass es sich
um einen unbedeutenden fremden »Onkel« handelt, der ihn ab
und zu für zehn Minuten sieht. All das kann ein Kind kaum in
seinem Inneren zusammenbringen!

Ich erläutere Bianca in ruhigen Worten, warum man diese Familiengeschichte bei der Behandlung von Peter nicht aussparen
darf. Bianca erkennt, dass ich mir nicht vorstellen kann, auf dieselbe Art und Weise weiterzuarbeiten wie bisher: Bianca sollte
sich den seelischen und finanziellen Folgen ihres Tuns stellen
und ihrem geschiedenen Mann Bruno die Wahrheit sagen. Sie
kann Rückgrat beweisen und Schritt für Schritt die Wirklichkeit
in ihr Leben lassen. Zudem hat auch Peter ein Recht, zu erfahren,
wer sein wirklicher Vater ist, und er muss auch das Recht erhalten, ihn irgendwann mit »Papa« anzusprechen.

Außerdem wäre es für ihn heilend, wenn er seine älteren Halbgeschwister kennen lernen könnte. Ihnen fühlt er sich vermutlich in großer Schuld verbunden. Dies jedenfalls zeigen
Familienaufstellungen von ähnlichen Fällen. Indem die Halbgeschwister sich kennen lernen dürfen, wird etwas in der Seele
der Betroffenen geheilt und gelangt zur Ruhe. Ich versichere
Bianca, ich sei mir klar darüber, dass man all diese Schritte nicht
überstürzt, sondern behutsam angehen müsse, und dass ich sie
dabei unterstützen und begleiten würde.

Es wäre auch sehr hilfreich, wenn Bianca sich therapeutisch den
Verhältnissen in ihrer Herkunftsfamilie zuwendete. Es ist zu ver-
muten, dass sich hinter der außergewöhnlichen Geschichte der
Gegenwartsfamilie eine weitere, nicht weniger außergewöhnliche der Herkunftsfamilie verbirgt.

Bianca reagiert wütend auf meine ruhig vorgetragenen Gedanken. Nie würde sie all diese Dinge tun, von denen ich spreche! Sie zählt auf, welche schlimmen Folgen es hätte, wenn die Wahrheit Wahrheit sein dürfte. Es gebe dann zum Beispiel kein Geld mehr von Bruno! Sie wolle das Geld aber weiter regelmäßig erhalten.

»Gibt es nicht noch andere Gesichtspunkte außer Geld?«, werfe ich dazwischen. Mir ist hier auch bewusst, dass Bianca genügend eigenes Geld besitzt und das Geld letztlich nur ein vorgeschobener Grund ist!

»Nein, nein, das geht auf keinen Fall«, fährt sie fort und findet immer neue Argumente. Sie vergisst dabei, dass ihr Chef und Liebhaber ein wohlhabender Mann ist, der bislang finanziell von allem völlig unberührt blieb. Immer wieder weist sie darauf hin, was die Leute wohl von ihr denken würden, wenn die wahren Verhältnisse bekannt würden. Sie spricht, als ob ihr die Meinung der »Leute« wichtiger ist als das Schicksal ihres Sohnes.

Mühsam unterbreche ich ihren Redeschwall erneut: »Ist es nicht vielleicht schlimmer, so weiterzumachen wie bisher, gerade für Peter, als sich mit neuen Lösungsmöglichkeiten auseinander zu setzen? Als schwächstes Mitglied in der Familie hält Peter den Rücken hin. Wie kann ich als Therapeut zustimmen, eine solch verschobene Wirklichkeit aufrechtzuerhalten und dieses Spiel mitzuspielen? Können Sie das nachempfinden, was ich sage?«

Bianca schweigt und schüttelt den Kopf.

Ich frage sie: »Wenn Sie jetzt fünf Jahre in die Zukunft vorausschauen – welche Dinge erscheinen Ihnen dann wichtig? Finanzielle Angelegenheiten oder ein unbeschwerter, fröhlicher Peter? Wie werden sich die Dinge in fünf Jahren entwickelt haben, wenn Sie alles so lassen, wie es jetzt ist? Und wie wird sich die familiäre Situation und auch Peters Situation verändern, wenn Sie jetzt alle Karten auf den Tisch legen?«

Bianca will nicht antworten, sie schüttelt nur den Kopf. Dann bittet sie mich um einige Tage Bedenkzeit. »Ich melde mich bei Ihnen«, sagt sie zum Abschied.

Noch in derselben Woche kommt Peter wieder zu mir. Ich ahne, dass ich ihn heute zum letzten Mal sehe. Wir haben ein gutes und besonders intensives Treffen. »Bis nächste Woche!«, sagt Peter lächelnd zum Abschied. Auch ich sage: »Bis nächste Woche«, denn alles andere wäre eine Überschreitung meiner Rechte als Therapeut und eine Missachtung von Biancas Mutterrolle. Sie ist für ihn wichtig, ich jedoch bin unwichtig für Peter. Ich darf Peter nicht sagen, dass wir uns womöglich nicht mehr wiedersehen werden. Für Erklärungen aller Art ist allein Bianca zuständig.

Einige Tage später meldet sich Bianca am Telefon. Sie schmeichelt mir: »Peter geht so gerne zu Ihnen! Er kann es kaum bis zum nächsten Mal abwarten, am liebsten käme er zweimal die Woche.« Es folgt eine kleine Pause. »Sie werden doch die Therapie nicht einfach abbrechen? Das können Sie dem Kind doch nicht antun? Er macht so gute Fortschritte.«

In ruhigen Worten erkläre ich Bianca, dass ich es Peter nicht antun kann und vor mir selber auch nicht verantworten könnte, wenn ich so weiterarbeiten würde wie zuvor.

»Peter kann doch wiederkommen? Oder? Das wäre ein Verbrechen am Kind, wenn Sie jetzt das Ganze beenden würden«, beharrt Bianca. Ich erkläre nochmals unmissverständlich, was hier wirklich das Problematische ist und dass wir auch gern noch einmal in Ruhe darüber reden können, falls sie dies wolle.

Weder von Bianca noch von Peter habe ich jemals wieder gehört.

Ein Therapeut, der sich hier weiter allein auf das Kind konzentriert, wird der Gesamtsituation nicht ausreichend gerecht. Wer Kindern in schwierigen Lebensumständen helfen will, darf das Familiensystem, in das sie eingebunden sind, nicht ausblenden.

Theoretisch wäre hier auch eine andere Lösung möglich gewesen. In einem Gespräch hätte ich Bianca gegenüber einen meiner beiden »Aufträge« zurückgeben können und so weiterhin

Sprachübungen mit Peter machen können: Biancas Aufträge bezogen sich erstens auf die Verbesserung des Schreibens, Sprechens und Lesens und zweitens auf die Verminderung von Peters Aggressionen und die Erweiterung seines sozialen Verhaltens. Mir war jedoch die Verzahnung von Peters Problemen zu offensichtlich, als dass ich mich innerlich auf eine solche »Lösung« hätte einlassen können.

Im Folgenden werden eine Reihe von leichteren und schwereren Problemen mit Kindern dargestellt, bei denen es sich bewährt hat, einen systemischen Blickwinkel einzunehmen. Dabei werden zuweilen auch systemische Ansätze zu Wort kommen, die nicht mit dem Familien-Stellen verbunden sind.

# Wenn Kinder leiden

## Abwesende Eltern und Stiefeltern

### Scheidungskinder

Wenn Eltern sich trennen, leiden die Kinder. Sie sind es, die sich schuldig fühlen am Scheitern der elterlichen Ehe. Deswegen ist es wichtig, dass die Eltern dem Kind in solchen Fällen etwa folgende Botschaft vermitteln: »Papa und Mama trennen sich, weil sie sich nicht mehr verstehen. Mit dir hat das nichts zu tun. Wir machen das ganz unter uns aus, und du darfst weiterhin uns beide als Eltern haben, auch wenn wir nicht mehr in derselben Wohnung leben.« Zusätzlich müssen sich beide Eltern bewusst sein, dass die gemeinsame Elternschaft trotz der Trennung des Paares weiter bestehen bleibt.

Bei getrennten Eltern stellt sich regelmäßig die Frage, bei wem die Kinder aufwachsen sollen. Es gibt hier zwei wichtige Gesichtspunkte:

1. Wer von den Eltern achtet den anderen Elternteil mehr?
2. Bei wem ist das Kind sicherer?

Wenn zum Beispiel der Vater die Mutter mehr achtet als umgekehrt, sollte das Kind zum Vater. Zu Punkt 2 im Folgenden ein Beispiel:

*Benjamin, vier Jahre, geschiedene Eltern*
Trude kamen vor einiger Zeit Gedanken, die sie nachdenklich machten. Beim Kartoffelschälen schaute sie aus dem Fenster und dachte auf einmal: »Eigentlich könnte ich aus dem Fenster

springen und wäre dann sofort tot. Mein kleiner Benjamin käme dann zu seinem Vater, wo es ihm bestimmt gut ginge. Ich bin ohnehin eine schlechte Mutter. Ich kann ihm nicht geben, was er braucht.« Nachdem sie sich eine Weile mit derartigen Vorstellungen beschäftigt hatte, meldete sie sich zu einem Aufstellungsseminar an. Im Seminar erzählte Trude noch, dass sie das Gefühl habe, sie sei innerlich eigentlich nie richtig bei ihrem Sohn. Sie sei immer »irgendwie weg«.

Aufgestellt wurden der von Trude getrennt lebende Vater des Kindes, der regelmäßig Kontakt zum Sohn hat, Trude und Benjamin. Im ersten Bild stand Benjamin seiner Mutter exakt gegenüber. Die Stellvertreter waren noch nicht alle aufgestellt, da sagte er schon spontan: »Ich liebe meine Mutter!« Das Bild zeigte, dass er der Mutter im Weg stand und sie aufzuhalten versuchte, damit sie nicht weggehe.

Auf die Frage des Therapeuten, was denn in ihrer Familie passiert sei, warum sie denn verschwinden wolle, erzählte Trude von Hans, dem Vater ihrer Mutter. Diesem sei während des Dritten Reichs als Arbeiter einer Firma angeblich ein Bedienungsfehler an einer Maschine unterlaufen, in dessen Folge einige Menschen starben. Die gegen ihn erhobenen Vorwürfe waren jedoch falsch, denn er war unschuldig. Die Vorwürfe machten Großvater Hans aber psychisch krank. In der Folgezeit kam er in die Psychiatrie, galt bei den Nazis als »unwertes Leben« und wurde schließlich von ihnen ermordet.

In die Aufstellung wurden jetzt Großvater und Großmutter mütterlicherseits hineingenommen. Benjamin reagierte sofort auf Hans und wollte zu ihm. Der Therapeut entschloss sich, auch den für Hans' Ermordung verantwortlichen Nazi in die Aufstellung zu holen. In der Sekunde, als der Therapeut den Nazi in das Bild stellte und seine Hand losließ, fiel Hans' Stellvertreter mit einem Knall auf den Boden! Sofort knieten sich die Großmutter und Trudes Mutter neben den am Boden liegenden Hans. Der Nazi jedoch reagierte zwiespältig. Er wollte mit dem Ganzen nichts zu tun haben. Erst als Hans ihm sagte: »Du bist für meine Ermordung in der Psychiatrie zuständig gewesen!«, ging ein Ruck durch den Täter. Stück für Stück, sehr langsam, näherte er sich dem am Boden Liegenden auf den Knien. Irgendwann berührten sich Täter und Opfer, und als der Täter sagte: »Ja, ich war der Zuständige«, seufzte Hans: »Darauf habe ich gewartet.« Hans hatte darauf gewartet, dass der Täter zu der Ermordung steht.

Anschließend verneigten sich alle Verwandten, auch Trude mit ihrer Mutter, vor dem Täter und dem Opfer. Sie gaben beiden die Ehre. Erst wenn die Verwandten sich in den Prozess zwischen Opfer und Täter nicht mehr einmischen, haben diese die Möglichkeit, sich wirklich aufeinander zuzubewegen. Der Stellvertreter des Nazis sagte nach der Aufstellung: »Ich habe sehr schnell gespürt, dass sich die Verwandten des Opfers hier einmischten. Ich kann mich dem Opfer aber erst zuwenden, wenn sie sich zurückziehen.« Trude kam nun an der Stelle ihrer Stellvertreterin selbst in die Aufstellung. Sie hatte, als sie auf dem Stuhl saß, heftig geweint. Nun konnte sie noch einmal zu ihrem Großvater gehen, der auf dem Boden lag. Sie legte ihren Kopf auf seinen Arm und weinte immer noch. Der Therapeut sagte: »Du musst ihm in die Augen schauen! Sag ihm: ›In mir lebst du noch weiter, Opa. Das Leben ist gut weitergegangen! Hier [auf Benjamin zeigend] steht mein Sohn. Bitte schau freundlich, wenn ich jetzt bleibe und ihm Mutter bin.‹«

Opa Hans lächelte und sagte: »Ich segne euch alle!« Daraufhin wurden die am Boden Liegenden (Täter und Opfer) sich selbst in ihrem Prozess überlassen. Im späteren Lösungsbild stellte sich Benjamin zwischen Vater und Mutter. An Trudes Seite standen ihre Eltern. Benjamin ging es jetzt zum ersten Mal in der Aufstellung gut. Es zeigte sich jedoch schnell, dass er an die Seite des Vaters musste, denn er blickte noch nicht ganz entspannt. Nur an Vaters Seite ist das Kind vor dem Mord in

Mutters Familie sicher. Von dort aus kann das Kind zur etwas weiter weg stehenden Mutter schauen.

Trude schmerzte es, das sehen zu müssen, doch sie spürte, dass es so richtig war. Das Bild der Aufstellung legt nahe, dass Benjamin beim Vater aufwachsen sollte. Der Therapeut wies später darauf hin, dass das Übergeben des Kindes an den Vater nichts damit zu tun hat, dass Trude eine »gute« oder »schlechte« Mutter ist. Hier geht es allein um die Sicherheit des Kindes.

In solchen Fällen muss klar gesagt werden, dass Familienaufstellungen keine Handlungsanweisungen sind. Ob Benjamin tatsächlich zum Vater gehen wird, ist völlig offen. Wer eine Aufstellung macht, tut gut daran, das entstandene Lösungsbild eine Weile wirken zu lassen und vorläufig keine Entscheidungen zu treffen. Irgendwann kommt dann aus dem Umgang der Seele mit dem Lösungsbild ein Handlungsimpuls. Dabei muss die Handlung nicht immer dem Lösungsbild entsprechen! Durch die innere Auseinandersetzung mit dem Lösungsbild haben sich die Dinge schon wieder weiterentwickelt!

Wie ist es zum Beispiel, wenn die Mutter das Kind gar nicht dem Vater geben kann, weil dieser beruflich zu sehr eingebunden ist und sich während seiner Arbeit niemand um das Kind kümmern kann? Selbstverständlich wird die Mutter das Kind nehmen. Und welche Wirkung wird nun das Aufstellungsbild entfalten? Die Mutter weiß in einem solchen Falle, dass es ein besonderes Geschenk ist, das Kind zu haben. Sie wird auch den Vater des Kindes besonders tief achten und darauf schauen, dass Vater und Kind viel Kontakt miteinander haben. Wenn jedoch im Herzen der Mutter der Vater des Kindes geachtet wird, wird dessen Schutz für das Kind auch dann vorhanden sein, wenn es bei der Mutter aufwächst!

Zeigt das lösende Bild der Gegenwartsfamilie in einer Aufstellung, dass die Kinder zum Vater müssen, protestieren manche

Mütter, so wie es beispielsweise Ute tat: »Mein Sohn Tobias liebt seinen Vater nicht! Er mag den Vater überhaupt nicht. Immer wenn er am Wochenende bei ihm ist, geht es ihm schlecht. Er will so schnell wie möglich zu mir zurück. Wie soll ich das denn im Kopf zusammenbringen?«

In solchen Fällen zeigt sich oft, dass das Kind sich erst dann traut, seinen Vater zu nehmen und zu ihm zu gehen, wenn die Mutter beginnt, den Vater zu achten, und wenn sie dem Kind innerlich sagt: »Ich stimme zu, dass du nicht nur von mir, sondern auch vom Papa nimmst. Ich freue mich, wenn du zum Papa gehst, denn da bist du sicherer als bei mir.« In Utes Familie gab es viele schwere Schicksale, und das Lösungsbild zeigte Tobias nur sicher bei ihrem geschiedenen Mann. Als der fünfzehnjährige Sohn später auch im wirklichen Leben zum Vater zog, ging es ihm dort tatsächlich um einiges besser, doch wirkte er zuweilen immer noch etwas bedrückt. Erst als Ute begann, ihren Mann als Vater des gemeinsamen Kindes zu achten, traten Tobias' Verlassenheitsängste nicht mehr auf.

Zu dieser Entwicklung war es gekommen, nachdem Ute den Jungen mit zu mir in die Praxis gebracht hatte und wir zu dritt eine Aufstellung mit Papierscheiben[10] gemacht hatten. Sie war erschüttert, als Tobias – auf seiner Papierscheibe stehend – zu ihr sagte: »Mama, wie kann ich dich denn in deinem Leiden

---

[10] In meiner Praxis arbeite ich auch mit Hilfsmitteln. Dazu benutze ich für die Aufstellungen bunte Papierscheiben (für die Geschlechter unterschiedlich geschnitten), die mit Auskerbungen für die Blickrichtung versehen sind und auf die sich der Rat Suchende stellen kann. Mit dem Therapeuten stellt er sich abwechselnd auf eine solche Scheibe, um körperlich wahrzunehmen, wie sich das Familienmitglied fühlt. Selbstverständlich hat diese Form des Familien-Stellens nicht dieselbe Intensität wie die Gruppe, doch lässt sich auch auf solche Weise Heilsames erfahren. Voraussetzung dafür ist aber, dass man sämtliche Vorannahmen aufgibt und sich innerlich sammelt. Mit dem nötigen Ernst kann man sehr schnell eine Körperwahrnehmung erleben.

allein lassen?« Es war deutlich geworden, dass Tobias sich seiner Mutter in den Weg stellte, weil diese zu mehreren unter tragischen Umständen verstorbenen Verwandten wollte. Ute wischte ihre Tränen ab, blickte in das Gesicht ihres Sohnes und sagte nach Aufforderung des Therapeuten: »Du bist der Kleine. Die Mama macht das ganz allein. Auch wenn du jetzt zum Papa gehst, bleibe ich deine Mama! Bei ihm bist du sicherer, und wir beide bleiben immer in Kontakt.« Tobias atmete tief durch und stellte sich neben seinen Vater, wo es ihm besser ging.

Ute kam später noch einmal wegen eines anderen Anliegens in einen Kurs. In einer Pause erzählte sie, dass der Sohn sich nach der gemeinsamen Aufstellung mit Papierscheiben nun endlich gut beim Vater fühle und viel freier wirke. Zunächst hatte sie sich damals gefragt: »Habe ich jetzt als Mutter verspielt? Bin ich eine schlechte Mutter?« Doch ihr wurde bald klar, dass es hier vor allem um eines geht: Bei welchem Elternteil ist das Kind sicherer? Indem sie schweren Herzens zustimmte, dass Tobias zum Vater geht, ist sie sogar eine besonders fürsorgliche Mutter! Außerdem sieht sie Tobias regelmäßig, und alle wichtigen Erziehungsfragen werden mit dem geschiedenen Mann gemeinsam besprochen.

Wie schnell eine eigene Haltungsänderung gegenüber dem Partner positive Folgen haben kann, zeigt das nächste Beispiel: Eine geschiedene Frau meldete sich am Telefon und beklagte sich darüber, dass sich ihr Mann in allen Fragen, die das gemeinsame Kind beträfen, nur feindselig und wenig kooperativ verhielt. Bei Treffen im Jugendamt gebe dieser ihr noch nicht einmal die Hand. Das ginge nun schon seit langem auf diese Weise, und insbesondere seine Aggressionen halte sie nicht mehr aus.

Unterschwellig war deutlich wahrzunehmen, dass sie den Mann verachtete. Ich gab ihr den Rat, einmal folgende Übung in der

Stille durchzuführen: sich vor dem Mann tief zu verneigen und ihm als Vater des Kindes einen Platz in ihrem Herzen einzuräumen.

Die Frau folgte dem Rat und schrieb mir schon nach wenigen Tagen in einem Brief, dass die Übung sogleich gewirkt habe: Bei dem nächsten Treffen im Jugendamt habe der Mann sie freundlich angeblickt und ihr zum ersten Mal wieder die Hand gereicht. Zum ersten Mal nach langer Zeit konnte sie mit dem Mann in harmonischer Atmosphäre über die Belange des Kindes reden. Sein Verhalten ihr gegenüber war in kürzester Zeit zum Guten verändert; und dies, obwohl die Frau doch nur in aller Stille ihr Denken modifiziert hatte und mit ihm nicht einmal in Kontakt getreten war! Doch die Neuausrichtung einer inneren Haltung hat oft erstaunliche Folgen. Von einer solchen Änderung profitiert in diesem Beispiel vor allem das Kind: Beide Eltern haben nun die Chance, bei allem, was das Kind betrifft, ihre Kräfte zu seinem Besten zu vereinigen.

Ein Sonderfall liegt vor, wenn die Eltern nicht nur getrennt sind, sondern wenn sie nie zusammengelebt haben und das Kind von Anfang an nur einen Elternteil erlebt hat. Wird der ausgeschlossene Elternteil abgewertet, hat dies Folgen für das Kind, denn im Herzen leidet es mit ihm mit. Wenn eine allein erziehende Mutter den biologischen Vater des Kindes ablehnt, fehlt diesem Kind die Kraft des abwesenden Elternteils. Wächst das Kind etwa allein als Junge bei der Mutter auf, hat es Probleme, seine männliche Kraft zu finden und sich im Leben zu wehren. Folgendes Beispiel soll dies verdeutlichen.

*Torsten, siebzehn Jahre, des Öfteren Opfer von Gewalt*
Torsten wurde in einer Fußgängerzone brutal von einigen Männern überfallen. Da er schon häufiger Opfer von gewalttätigen Auseinandersetzungen unter Jugendlichen war, möchte Sibylle

ihrem Sohn helfen. Sie klagt, dass Torsten oft freiwillig in eine Opferhaltung geht und sich nie wehrt. Torsten kennt seinen Vater nicht. Ohne die männliche, väterliche Kraft im Rücken sind Männer schwach und oft hilflos.

Sibylle kommt während des Seminars häufig in Stellvertreterrollen, in denen sie Männer auf tiefste Weise ablehnt. Als sie sich schließlich zu einer Aufstellung meldet und neben dem Therapeuten sitzt, zeigt sich dasselbe Bild. Wenn sie über Männer spricht, wird eine tiefe Verachtung des anderen Geschlechts deutlich. Ich bitte sie, den leiblichen Vater, Torsten und sich selbst aufzustellen.

Sibylle schaut mich verwundert an: »Du meinst, ich soll Torstens sozialen Vater aufstellen, also meinen Freund, der ihn von Anfang an mit aufgezogen hat?«

»Nein!«, antwortet der Therapeut klar und deutlich. »Du sollst zunächst einmal den leiblichen Vater aufstellen!«

Sibylle widerspricht abermals, denn dieser sei »nur« mit neunzigprozentiger Sicherheit der leibliche Vater. Schließlich erklärt sie sich dann doch bereit, den mutmaßlichen Vater aufzustellen.

Sibylle wählt die drei Stellvertreter aus und stellt sie auf. Es zeigt sich, dass die Stellvertreter äußerst unkonzentriert sind. Der Stellvertreter des Vaters sagt irritiert: »Irgendetwas stimmt hier nicht!«

Ich schaue Sibylle an und frage, während ich auf den Vater zeige: »Wer ist das?«

Sibylle antwortet: »Das ist Michael, er kümmert sich gut um Torsten.« Wie sich auf Nachfrage herausstellt, ist Michael ihr Lebenspartner und somit der von ihr so bezeichnete »soziale Vater«. Sibylle redet sich in Rage: »Ich wollte den biologischen Vater dann im letzten Moment doch nicht aufstellen. Innerlich habe ich Michael ausgewählt, nur er kann als Vater irgendeine Rolle für Torsten spielen.«

Der Therapeut bricht die Aufstellung mit den Worten ab: »Du hast die Gruppe und auch mich missbraucht. Deswegen breche ich die Aufstellung ab.«

Sibylle ist empört, doch ist es gut, sich in solchen Fällen auf keine Diskussionen einzulassen.

Einige Zeit nach dem Seminar schickte mir Sibylle einen sehr langen Brief. Sie bedankte sich für den Abbruch und schrieb: »Mittlerweile ist mir ganz klar geworden, warum du abbrechen musstest. Für mich zählte bis zu dem damaligen Zeitpunkt nur die soziale Vaterschaft, die biologische war mir völlig gleichgültig. Ich bin sehr dankbar, dass du und auch Bert Hellinger in seinen Büchern so eindeutig auf diese biologische Vaterschaft hinweist. Dadurch bin ich jetzt gezwungen, mich mit dieser Frage auseinander zu setzen.«

Sibylle hat sich durchgerungen, den mutmaßlichen leiblichen Vater zum Vaterschaftstest aufzufordern, damit alle Beteiligten Klarheit erhalten. Torsten feiert demnächst seinen achtzehnten Geburtstag, und so tauche denn, meint Sibylle, die Vaterschaftsfrage zu einem besonderen Zeitpunkt auf. Im zweiten Teil des Briefes beschreibt sie, wie sich der jahrelange abgrundtiefe Hass ihren Eltern gegenüber langsam in Reue und Liebe umwandelt. Allein das Zusehen und die stellvertretenden Rollenübernahmen im Seminar hätten sie auch ihre Herkunftsfamilie ganz neu sehen gelehrt.

Es sei hier noch ergänzt, dass bei unklaren Vaterschaftsverhältnissen der entsprechende medizinische Test unumgänglich ist. Anschließend lassen sich durch Aufstellungen oft überraschende Lösungen finden.[11] Wie der Vaterschaftstest in Torstens Fall aus-

---

[11] Siehe zum Beispiel die ausführliche Vaterschaftsgeschichte von Marinas Sohn in meinem Buch: *Wenn Dornröschen nicht mehr aufwacht,* a. a. O., S. 21 ff.

ging, ist offen, denn ich habe mich nicht erkundigt. Ein Nachfragen von Seiten des Therapeuten mag zwar aus wissenschaftlichen Gründen angezeigt sein, doch man muss wissen, dass die seelische Entwicklung bei den Betreffenden dabei gestört wird.

Wenn Kinder mit nur einem Elternteil aufwachsen, wird sich früher oder später in vielen Fällen eine Stiefelternsituation ergeben. Die Kinder müssen sich dann oft insbesondere mit Ablehnung und Eifersucht auseinander setzen. Als Beispiel für solche Schwierigkeiten sei die Geschichte von Clemens angeführt.

*Clemens, vierzehn Jahre, leidet unter tiefer Ablehnung durch den Stiefvater*
Ellen ist in zweiter Ehe mit Max verheiratet. Zusammen haben sie einen Sohn, Michael, der zwölf Jahre alt ist. Aus Ellens erster Ehe stammt ihr ältester Sohn Clemens, der von Max, also dem Stiefvater, nicht nur zutiefst abgelehnt, sondern häufig auch völlig ignoriert wird.
»Max tut oft so, als ob es Clemens gar nicht gäbe«, sagt Ellen, »in anderen Situationen stellt sich Michael sogar schützend vor seinen älteren Halbbruder, um ihn vor Max zu verteidigen. Clemens sagt in solchen Situationen zu seinem Stiefvater: ›Wenn ich erst achtzehn bin, dann bist du mich endlich los.‹ ... Ich halte das nicht mehr aus«, sagt Ellen schließlich. »Warum kann mein zweiter Mann meinen älteren Sohn nicht achten? Wenn das so weitergeht, muss ich die Ehe verlassen.«
Im ersten Aufstellungsbild in der Gruppe steht Ellen ganz eng neben Clemens, als sei er der Ehemann und nicht der ebenfalls neben ihr stehende Max. Es wird klar, dass Max eifersüchtig auf Clemens ist. Max steht auf Ellens anderer Seite, allerdings mit größerem Abstand.
Und Ellen bestätigt: »Mein Mann ist für mich völlig nebensächlich!«

Außerdem kann Michael (Clemens' Halbbruder) die Mutter gar nicht als Mutter wahrnehmen: »Ich dachte, sie sei eine Schwester von mir«, sagt er. In der Tat wirkt Ellen noch wie ein Kind und nicht wie eine Mutter.

Abseits von allen steht der erste Ehemann, Clemens' Vater. Er sagt: »Die meinen, es gäbe eine Lösung ohne mich. Darüber kann ich nur schmunzeln. Ich fühle mich sehr mächtig und warte erst mal ab, was passiert.«

Auf Vorschlag des Therapeuten verlässt Clemens die Seite seiner Mutter und stellt sich neben den Vater. Hier geht es ihm jetzt besser als bei der Mutter, und der Vater freut sich auch, den Sohn neben sich zu haben.

Im weiteren Verlauf kommen Ellens Eltern in die Aufstellung, denn Ellen äußert ein aus der Richtung hinter ihrem Körper zu spürendes Unbehagen. Sie fühlt sich sogleich, als ob der Vater ihr von hinten ein Messer in den Rücken sticht. Auf Nachfrage erzählt Ellen unter Tränen, dass sie als Kind vom Vater sexuell misshandelt worden sei. Jetzt wird auch deutlich, dass Clemens Ellens Vater vertrat und dass die Ehemänner für etwas herhalten mussten, wofür sie nichts konnten. Ellen sagt auf Befragung von ihrem Stuhl aus: »Sie haben es beide ausbaden müssen.« Während sie es sagte, nickte der Stellvertreter des ersten Ehemannes (Clemens' Vater) und atmete tief durch.

In verschiedenen Schritten konnte Ellen nun ihren Eltern gegenüber wieder ganz Kind werden und ihnen die Folgen der damaligen Ereignisse lassen. Es fühlte sich nämlich nicht nur der Vater schuldig, der der Tochter nicht in die Augen schauen konnte, sondern auch die Mutter. Die Mutter hatte den Vater abgelehnt, und Ellen hatte dies auszugleichen versucht. Am Ende dieser verschiedenen Schritte sagte der Vater zu Ellen: »Es freut mich sehr, wenn es in deinem Leben mit deiner Familie gut weitergeht.« Während der Vater dies sagte, atmete die Mutter tief durch. Der Vater hatte auch in ihrem Sinne gesprochen.

Ellen konnte sich nun endlich eng neben ihren zweiten Mann Max stellen. Sie lachte! »Endlich kann ich ihn anschauen. Ich freue mich auf ihn!« Auch Max ging es gut. Nun ging Max zu Ellens erstem Mann und auch zu Clemens und verbeugte sich vor beiden, da sie beide zeitlich vor ihm im Familiensystem waren. Zu Clemens sagte er noch: »Ich achte, dass du dem Herzen deiner Mutter immer näher stehen wirst als ich.« Clemens musste daraufhin weinen. Endlich war für ihn das Wesentliche geachtet. Für Ellen war noch wichtig, dass sie Max gegenüber Dankbarkeit zeigte, weil er auf sie und ihren ersten Sohn Rücksicht nahm. Im Schlussbild stand Michael bei seinen Eltern, während Clemens bei seinem Vater blieb, denn dort ging es ihm am besten.

Zu einem späteren Zeitpunkt des Seminars erzählte Ellen, dass sie schon immer das Gefühl hatte, Clemens sollte zu seinem Vater, doch dass dieser sich zu wenig engagiere. Daraufhin meldete sich der Stellvertreter von Clemens' Vater zu Wort: »Ich habe in meiner Rolle genau gespürt: Jetzt, wo ich endlich geachtet werde und wo alle sehen, wie wichtig ich bin, werde ich sehr schnell kooperativ werden. Man muss mich nur bitten, statt mich zu übergehen. Dann werde ich helfen.«

Wenn Eltern geschieden werden, ist es wichtig, zumindest die Elternbeziehung zu retten. Dies gelingt, indem sich beide Partner dem Schmerz der Trennung stellen. Anschließend können zumeist die anstehenden Dinge in Frieden geregelt werden, und die Eltern sind in der Lage, sich trotz der Trennung einvernehmlich über die weitere Erziehung des Kindes zu einigen, zum Beispiel über Fragen des Schulbesuchs. Stiefeltern dürfen sich hier nicht einmischen. Sie müssen auch darauf verzichten, sich vom Stiefkind mit »Mama« oder »Papa« anreden zu lassen, weil ansonsten eine Rollenverwirrung entsteht.

Oft bedarf es keinerlei Familienaufstellung, um innerlich in die richtige Haltung hineinzukommen. Ein Stiefvater erzählte mir beispielsweise, dass er Probleme mit seinem Stiefsohn hatte. Dieser war ihm gegenüber immer aggressiv, und es bestanden auch Spannungen zwischen dem leiblichen Vater des Kindes und ihm als Stiefvater. Insbesondere gab es ständig Streit wegen der Besuchsregelungen.

In einem Buch über Familienaufstellungen hatte der Stiefvater vor zwei Jahren gelesen, dass es keine gute Wirkung hat, wenn sich Stiefeltern an die Stelle der richtigen Eltern stellen. Er erzählte, wie dieses Wissen auf ihn wirkte: »Als ich das las, fiel es mir wie Schuppen von den Augen. Ich war gar nicht für die Schulnoten meines Stiefsohnes verantwortlich! Ich war auch nicht für sein Verhalten und für viele andere Dinge bei ihm verantwortlich. Irgendwie dachte ich immer, ich sei jetzt sein richtiger Vater und müsse mich wirklich um alles, aber wirklich um alles kümmern! Ich müsste praktisch ein ›hundertprozentiger Vater‹ für ihn werden: Wenn die Dinge schlecht mit ihm liefen, sei dies allein meine Schuld!

Nun begriff ich wie mit einem Donnerschlag, dass das alles auf Täuschung beruhte. Innerhalb weniger Tage bestimmte ich meine innere Haltung gegenüber dem Stiefsohn und seinem richtigen Vater neu. Das Ergebnis zeigte sich dann überraschend schnell: Ich habe keine Probleme mehr mit dem Kind, auch mit seinem Vater sind die Dinge jetzt sehr gut, und ich bin sicher, dass meine neue Haltung auch meine Ehe gerettet hat. Es ging uns nämlich damals als Paar sehr schlecht, und seitdem haben wir keine Probleme mehr miteinander! Unser zweites gemeinsames Kind kam vor kurzem auf die Welt, und auch das ist meiner Wahrnehmung nach die Folge meines eigenen Umdenkens!«

# Adoption

Zur Adoptionsfreigabe kommt es vor allem bei unehelich geborenen Kindern. Wenn sich Mütter oder Väter ihrer Verantwortung dem neuen Leben gegenüber verweigern, verspielen sie in
vielen Fällen ihre Rechte als Eltern. In Aufstellungen zeigt sich,
dass das Weggeben von Kindern als Verbrechen erlebt wird,
zumindest wirkt es so in der Seele dessen, der ein Kind weggibt,
und auch bei den anderen Familienmitgliedern. Nach Bert Hellingers Erfahrung stirbt manchmal jemand, wenn der Betreffende nicht anerkennt, dass es sich um ein Verbrechen handelt.[12]
Wenn jemand seine Familie leichtfertig verlässt, zum Beispiel
weil er sagt, er wolle sich »jetzt selbst verwirklichen«, dann stirbt
manchmal ein Kind, oder es bringt sich um. Seltsamerweise werden derartige Eltern nach Bert Hellingers Erfahrung manchmal
»Esoteriker«. Welcher Segen kann jedoch auf einem spirituellen
Weg ruhen, der einen solchen Anfang hat?

Diese allein gelassenen Kinder werden dann oft von Pflege- oder
Adoptiveltern aufgenommen. Doch es fällt ihnen schwer, das
Geschenk, das sie erhalten, auch zu nehmen. Sie hoffen nämlich
insgeheim, dass die Eltern doch noch zurückkommen.

Für solch ein Kind kann es in einer Familienaufstellung das
Richtige sein, von den Eltern das Leben als Leben zu nehmen
und dafür zu danken und dann im zweiten Schritt die Mutter
und den Vater aus seinem Herzen zu entlassen: »Ich lasse euch
in Liebe ziehen. Jetzt verzichte ich auf euch für immer!« Damit
ist ein schlimmer Schmerz verbunden, denn dieser Abschied ist
ein endgültiger. Für das Kind ist es in der Seele ähnlich, als
wären die Eltern jetzt tot. Anschließend kann sich das Kind den
Adoptiveltern oder Pflegeeltern intensiver zuwenden: »Mein

---

[12] Die folgenden Ausführungen beziehen sich auf Bert Hellinger: *Die Quelle
braucht nicht nach dem Weg zu fragen*, a. a. O., S. 156 ff.

Platz ist jetzt bei euch! Was ihr mir gebt, nehme ich als Geschenk.«

Wichtig in diesem Zusammenhang ist der Umstand, dass das Adoptivkind in der Geschwisterreihe immer auf dem letzten Platz steht, da es kein biologisches bzw. leibliches Kind seiner neuen Eltern ist. Für ein Adoptivkind kann auch dies sehr schmerzhaft sein. Wenn zum Beispiel der Adoptivsohn vierzehn Jahre alt ist und die Adoptiveltern haben ein zwei- und ein vierjähriges Kind, so muss der Vierzehnjährige anerkennen, dass die jüngeren Geschwister ihm gegenüber Vorrechte haben, weil sie leibliche Kinder sind.

Sobald ein Adoptivkind erwachsen ist, beginnt es oft, nach seinen biologischen Eltern zu suchen. Es hat die unausgesprochene und oft auch nicht bewusst gedachte Hoffnung, die Adoption könne rückgängig gemacht werden. Dies geschieht jedoch in der Praxis nur selten, denn die Eltern fühlen sich schuldig. Wenn das Kind plötzlich aus dem Nichts auftaucht und vor ihnen steht, werden sie an ihre Schuld erinnert. Manche Eltern lassen sich dann zum Beispiel an der Haussprechanlage oder am Telefon verleugnen, oder sie sagen ganz deutlich: »Ich will keinen Kontakt!«

Falls es doch zu einer Annäherung von Kind und Elternteil kommt, muss die Schuld beim Elternteil bleiben. Oft nämlich werden die Dinge von den Eltern beschönigt, und sie stellen sich als die Leidenden und Unschuldigen dar. In Liebe zu den Eltern fühlt sich dann das Kind wieder schuldig, obwohl es schuldlos ist.

Von der systemischen Wirkung her ist das Weggeben eines Kindes in den meisten Fällen ähnlich einer Abtreibung. Das Kind muss sich damit abfinden, dass es für immer weggegeben worden ist. Wenn es das achtet, schmerzt es zwar, doch das Kind erhält dadurch auch Kraft.

Ausnahmen habe ich beobachtet bei Müttern, die extrem jung

und somit selber noch Kind waren. Da sie in der Regel mittellos sind und nicht selten durch ihre Eltern und die Eltern des jungen Vaters unter massiven Druck geraten oder von ihnen erpresst werden können, ist die Wirkung der Adoption nicht so intensiv wie oben beschrieben. Zuweilen kann das Kind zu einem späteren Zeitpunkt einen guten Kontakt zur Mutter herstellen. Auch bei noch jugendlichen Vätern ist es nicht ausgeschlossen, dass sie nach einer gewissen Zeit noch einen guten Kontakt zum Kind bekommen können.

Wenn ein Kind, da die eigenen Eltern selbst noch Kinder sind, nicht zu den Eltern kann, dann wäre der gute Platz des Kindes bei den Eltern der Mutter oder des Vaters. Auch Onkel und Tanten kommen infrage. Von hier kann das Kind nicht nur eine Verbindung mit seinen Eltern haben, sondern von hier aus kann es auch am ehesten eines Tages wieder zurück zu seinen Eltern. Falls all dies nicht möglich ist, kann eine Pflegefamilie die richtige Entscheidung sein.

Die Pflegeeltern nehmen nicht den Platz der biologischen Eltern ein, sondern sie stehen auf dem zweiten Platz: Sie sind nur deren Platzhalter. Von dieser Position aus können sie Gutes bewirken. Der Vorteil der Pflegefamilie ist vor allem, dass das Kind in den meisten Fällen ohne größeren bürokratischen Aufwand wieder in die Ursprungsfamilie zurückkann. Gerade dadurch, dass die Pflegeeltern die leiblichen Eltern respektieren, trauen sich die Kinder auch, von den Pflegeeltern Gutes zu nehmen.

Problematisch ist es immer, wenn Pflege- oder Adoptiveltern die biologischen Eltern des Kindes als minderwertig betrachten und nur sich selbst in einem guten Licht sehen. In der Regel solidarisiert sich das Kind dann mit den abgewerteten Eltern und ist böse auf die Pflege- oder Adoptiveltern. Weggegebene Kinder sind oft wütend auf ihre Eltern. Wenn nun Pflege- oder Adoptiveltern sich moralisch überlegen fühlen, richtet sich die Wut des Kindes auf sie!

Bei Adoptionen gehört es zur Würdigung der leiblichen Eltern, dass das adoptionswillige Paar die genauen Verhältnisse des Kindes und seiner Eltern prüft. Gibt es möglicherweise doch eine Möglichkeit, den meist unumkehrbaren Schritt der Adoption zu verhindern? Wo in der Familie könnte das Kind doch noch einen guten Platz finden und wäre vielleicht die Pflege vorläufig geeigneter als eine Adoption?

Es reicht nicht, sich allein auf Behördenauskünfte zu verlassen. Es gilt hier, zu berücksichtigen, dass sich Jugendämter zuweilen mehr im Auftrag der Adoptionswilligen sehen als im Auftrag des Kindes und seiner Herkunftsfamilie. Wenn ein Kind erfolgreich »vermittelt« wird, braucht sich das Jugendamt nicht mehr um den Fall zu kümmern und hat eine Sorge weniger! Wie mir ein langjähriger Mitarbeiter eines Jugendamtes glaubhaft versicherte, gilt es dort generell als »freudiges Ereignis«, wenn man Adoptionswilligen erfolgreich ein Kind überantworten kann.

Für alle Beteiligten ist es von Vorteil, im Vorfeld einer Adoption den Kontakt miteinander herzustellen. Gerade indem ein adoptionswilliges Paar selbstständig Kontakt mit Betroffenen aufnimmt, zeigt es, dass es zum Besten des Kindes tätig wird und nicht nur auf eigene Bedürfnisse schaut.

Wird eine Adoption leichtfertig durchgeführt, hat dies Folgen. Wenn zum Beispiel adoptionswillige Paare ihre Interessen zu rücksichtslos durchsetzen und Lösungen innerhalb der Familie des Kindes dadurch verhindern, kann es geschehen, dass beim Paar ein unbewusster Sühnewunsch entsteht: So kann die Paarbeziehung in der Folge scheitern, oder es kommt auch vor, dass die Adoptivmutter bald schwanger wird und das Kind abtreibt.

Wie aber schon festgestellt wurde, ist der gute Platz von Adoptivkindern sehr oft bei den Adoptiveltern. Man kann beobachten, dass Adoptivkinder zuweilen mit Schwerem aus der Familie ihrer leiblichen Eltern verbunden sind. Oft hört diese schlimme Verbindung auf, wenn die Adoptivkinder ihre Adoptiveltern nehmen und bei ihnen Sicherheit suchen.[13] Ganz anders ist der folgende Fall, in dem die Dinge umgekehrt liegen.

*Adoptivtochter Bernadette, zwölf Jahre, äußert immer wieder Selbstmordabsichten*

Hildegard erzählt in der Runde eines Kurses, dass ihr Aufstellungsanliegen die Herkunftsfamilie sei. Sie fühle sich dort ausgegrenzt und möchte dieses Problem »jetzt angehen«. Auf die Frage des Therapeuten, ob sie verheiratet sei und Kinder habe, erzählt Hildegard vom zwölfjährigen Adoptivkind Bernadette, die sie zusammen mit ihrem Mann adoptiert habe. Nachdem der Therapeut fragt, ob es dem Kind gut gehe, wird Hildegard nachdenklich, denn die Adoptivtochter hat schon mehrmals vom Selbstmord gesprochen.

In der Tat hat die Situation in der gegenwärtigen Familie Vorrang vor Hildegards Herkunftsfamilie. Sie stimmt zu, dass während des Seminars die Gegenwartsfamilie aufgestellt wird. Im ersten Bild der Aufstellung sieht man, dass Bernadette auf den Boden starrt. Sie will auf den Boden sinken. Es ist offensichtlich, dass sie zu einem Toten möchte. Dort, wo sie hinschaut, legt sich nun ein Mann auf den Boden, den der Therapeut aus der Gruppe dazu aufgefordert hat. Sofort ist Hildegards Stellvertreterin elektrisiert. Statt Bernadette will sie sich zu dem Toten stellen.

Im nächsten Schritt kommen die biologischen Eltern Bernadettes hinzu. Bernadette reagiert intensiv: »Ich will zu meinen Eltern!« Als sie neben ihnen steht, strahlt sie über das ganze Gesicht.

Wie Hildegard erzählt, sei Bernadettes Vater angeblich gewalttätig gewesen. Die Mutter war noch sehr jung und hatte das Kind

---

[13] Eine Reihe von Fällen mit einer solchen Lösung findet man in Bert Hellingers Buch: *Haltet mich, dass ich am Leben bleibe – Lösungen für Adoptierte*, Heidelberg 1998.

zur Adoption freigegeben. Ob das Kind bei Verwandten hätte aufwachsen können, war von niemandem geprüft worden. Hildegard hatte den Adoptionshintergrund zu wenig hinterfragt. Hätte Bernadette bei anderen Verwandten aufwachsen können? Dadurch, dass Hildegard die Adoption angenommen hat, trägt sie hier eine Mitschuld. Wer adoptiert, muss die Situation des Kindes prüfen.

In der Aufstellung seufzt Bernadette auf: »Endlich bin ich sicher. Hier bei meinen richtigen Eltern bin ich ganz geborgen. Der Tote dort zieht mich jetzt nicht mehr zu sich! Er interessiert mich jetzt gar nicht mehr!«

Hildegard sieht betroffen zu. Ihre Stellvertreterin sagt beiden Kindern: »Was du von mir und deinem Adoptivvater bekommen hast, darfst du behalten. Wir helfen dir jetzt, deine Wurzeln zu finden.« Nun konnte Bernadette zum ersten Mal in der Aufstellung freundlich auf die Adoptiveltern schauen. Auch der Adoptivvater stimmte den Sätzen seiner Frau zu und wiederholte sie.

Es klärte sich nun ebenfalls, wer der Tote auf dem Boden war: Es handelte sich um einen früh verstorbenen Bruder von Hildegard, den die Adoptivtochter für sie vertreten hatte.[14]

Leider kommt es auch dann oft zu Adoptionen, wenn es völlig überflüssig ist und dies ausschließlich aus scheinbarer »sozialer Notwendigkeit« heraus geschieht. Ein Beispiel: Ein Junge wächst bis zum zehnten Lebensjahr bei seinen Eltern auf. Dann lassen sich die Eltern scheiden. Der Vater nimmt das Kind mit in seine neue Ehe und trägt der Frau ohne Notwendigkeit die »Mutterschaft« an. Seine frühere Ehefrau denkt nicht weiter über die Sache nach, sondern unterschreibt die Adoptionspapiere.

[14] Dieser Teil der Aufstellung wird hier weggelassen, weil er mit Bernadettes Lösung nichts mehr zu tun hat.

Auch eine solche Adoption hat Folgen für alle Beteiligten: In einer Aufstellung zeigte sich, dass die frühere Frau nur wenig Interesse an dem Sohn hatte und durch die leichtfertige Unterschrift dann vollends das innere Band zum Kind durchschnitt. Das Richtige wäre hier gewesen, dass die frühere Frau die gemeinsame Elternschaft verantwortungsvoll mit dem geschiedenen Mann getragen und die neue Frau sich bei der Erziehung des Stiefkindes zurückgehalten hätte.

Adoptionen aus scheinbarer »sozialer Notwendigkeit« werden oft mit dem alten »störenden Familiennamen« des Kindes begründet, der schleunigst abgelegt werden müsse. Ein Beispiel: Nach der Scheidung kommt das betreffende Kind zur Frau, die mit dem neuen Mann noch mehrere Kinder bekommt. Damit auch das Kind aus erster Ehe denselben Familiennamen trägt und sich nicht »ausgeschlossen« fühlt, soll es schnellstens den Namen des Stiefvaters annehmen. Viele Väter lassen sich durch die Überredungskunst und die scheinbare Logik der Argumente schnell überzeugen. Aber gerade dadurch, dass das Kind aus erster Ehe von einem Tag auf den anderen denselben Familiennamen wie die Halbgeschwister trägt, wird jemand ausgeschlossen: der leibliche Vater dieses Kindes! Nur dadurch, dass er Platz gemacht hat, wurde die Möglichkeit einer neuen Ehe mit ihren anschließend geborenen Kindern geschaffen; dieser Mann hat ein Recht, dazuzugehören.

Speziell dann, wenn die Väter der Kinder von den Frauen verachtet sind, schaffen sich die Frauen mit der Namensänderung des Kindes mit einem Federstrich ein vorgebliches Problem vom Hals. Hier sei auf ein krasses Beispiel eingegangen: In einem Fall hatte der biologische Vater einem solchen Adoptionswunsch aus »sozialen Gründen« nicht zugestimmt.
Die Mutter gab sich mit der Antwort ihres geschiedenen Mannes

nicht zufrieden. Sie hatte viele Beziehungen zu einflussreichen Personen in Justiz und Verwaltung. Durch bestimmte Gutachten prozessierte sie ihren früheren Mann aus der Vaterposition heraus und erzwang durch eine rechtliche Entscheidung die Adoption durch ihren zweiten Mann! Die Familienaufstellung in diesem Fall zeigte deutlich, dass ein Rückgängigmachen der Adoption hier das Richtige war! Auch für die Seele des psychisch labilen Sohnes war dieses Bild heilend. Der Sohn hatte all die Jahre seiner Mutter immer wieder gesagt: »Mama, ich hasse meinen neuen Familiennamen!«

In der Aufstellung sagte die Frau zu ihrem früheren Mann unter Tränen: »Es tut mir Leid! Ich hätte es nicht tun dürfen. – Unser Sohn kann nichts dafür. Bitte lass es ihn nicht büßen.« Zwischen Vater und Sohn war es nämlich in der Folge der Adoption zu einer Entfremdung gekommen. Der Mann hatte das Interesse an seinem Kind verloren. Dies ist oft die Rache der Väter, wenn sie zu wenig geachtet und ausgebootet werden.

Auch in einem anderen Fall war das Rückgängigmachen der Adoption das stimmige Bild. Ein Mann hatte zwei Ehen hinter sich und fühlte sich auch in seiner gegenwärtigen Beziehung unwohl. Er erzählte, dass er in seiner letzten Ehe eine Tochter der Frau aus deren ersten Ehe adoptiert hatte. Auf meine Frage, wie es dazu kam und von wem die Initiative ausging, sagte er: »Das geschah in meinem Überschwang, Verantwortung zu übernehmen. Ich wollte es unbedingt, um ein eigenes Kind zu haben.«

In der Aufstellung bestand zwischen ihm und der Tochter keinerlei Kontakt! Sie war ihm gegenüber völlig gleichgültig! Erst als ihr biologischer Vater hinzukam und der Adoptivvater sich vor ihm verbeugte und ihn achtete, nahm die Tochter den Adoptivvater überhaupt erst wahr. Er sagte zu ihr: »Ich hätte dich nicht adoptieren dürfen. Du gehörst nicht nur zu deiner

Mutter, sondern auch zu deinem Vater.« Da lächelte die Tochter, und der Mann seufzte dabei tief.

# »Kleinere« Leiden und Krankheiten

## Bettnässen und Einkoten

Beim Bettnässen reagiert das Kind häufig auf eine große Spannung in der Familie. Wie ich in mehreren Fällen beobachtet habe, fühlt es einen starken Konflikt zwischen den Eltern. Dazu später mehr.

Nicht selten hat die psychische Spannung des Kindes aber einen anderen Hintergrund: Beispielsweise verlor das Kind durch einen Umzug alle Freunde und ist orientierungslos. Auch andere soziale Verunsicherungen in Schule oder Kindergarten können sich zuweilen durch Bettnässen ausdrücken. Bei dem durch soziale Änderungen der Lebensumstände ausgelösten Bettnässen findet man oft Kinder, die schon ein oder zwei Jahre »trocken« waren und dann plötzlich wieder einnässen, zum Beispiel unmittelbar nach dem Umzug in eine fremde Stadt. Bei dieser Art von Ursachen des Bettnässens bedarf es keiner Familienaufstellung, weil hier systemische Hintergründe keine Rolle spielen. Allerdings gibt es auch Einnässen als Zusatzsymptom des Kindes, begleitet durch andere Verhaltensauffälligkeiten. In diesen Fällen ist das Familien-Stellen hilfreich. Zunächst sollen hier also kurzzeittherapeutische Methoden vorgestellt werden, die sich beim Bettnässen als erfolgreich erwiesen haben.

Allgemein lässt sich feststellen: Bei Dingen, die Kindern peinlich sind, hat es sich bewährt, auf Druck zu verzichten. So fühlen sich die Kinder mehr geachtet. Von der Hypnotherapie Milton Eriksons und auch von vielen modernen Kurztherapien kann man lernen, auf achtende Weise mit Kindern umzugehen. Oft reicht das Erzählen einer Geschichte mit den passenden Metaphern, um im Kind die richtigen Such- und Lösungsprozesse in Gang zu setzen.

Die Therapeuten J. Mills und R. Crowley[15] haben den Fall von John erzählt. Der achtjährige bettnässende John erhielt von seinem Therapeuten die Anweisung, jeden Abend den Garten seiner Eltern zu bewässern. Dabei sollte er eine Uhr tragen und bestimmte Zeiten einhalten: Zu Beginn sollte er drei Minuten wässern, dann eine Minute unterbrechen, danach acht Minuten wässern und aufhören. Dieser seltsame Zeitplan wurde dem Jungen mit dem unterschiedlichen Wasserbedarf der Pflanzen »erklärt«. Ziel dabei war, bei John ein klares Gefühl dafür zu entwickeln, dass er umfassende Kontrolle über das Fließenlassen des Wassers hatte. In diesem Beispiel wurden »lebendige Metaphern« eingesetzt, Metaphern, die konkret auszuübende Alltagshandlungen zum Inhalt haben und dabei psychische Suchprozesse einleiten.

Milton Erickson hat auf die unterschiedlichste Weise mit bettnässenden Kindern gearbeitet. Fast immer geht es wie in dem obigen Beispiel darum, dem Kind auf unterschwellige Weise zu vermitteln, dass es selber Kontrolle über seine Körperfunktionen ausüben kann.

Dabei kann man dem Kind durchaus über eine ganz *andere* Körperfunktion detaillierte Informationen geben, um zum Ziel zu kommen. Milton Erickson arbeitete beispielsweise einmal mit einem zehnjährigen bettnässenden Jungen: Nach einer längeren Vorrede über das Zusammenspiel von Augen, Händen und Muskeln fragte Erickson: »Hast du dich auch schon einmal gefragt,

---

[15] J. Mills und R. Crowley: *Therapeutics metaphors for children and the child within,* New York 1986, S. 157; dt. *Therapeutische Metaphern für Kinder und das Kind in uns,* Heidelberg 1998.

was die Pupille deines Auges macht, wenn du den Pfeil am Bogen anlegst und ihn spannst? Sie *schließt* sich nämlich.« Er erklärte ihm, dass es kurze, flache, lange und ringförmige Muskeln gebe, so »wie unten in deinem Bauch, wenn du etwas isst, *schließt* sich dieser Muskel, stößt die Nahrung aus, schließt sich wieder und wartet auf die nächste Nahrung: Überleg dir mal, wo ist das genau – unten in deinem Bauch, als du noch ein kleiner Junge warst? Es ist ganz unten.«[16]

Noch eine weitere Stunde sprachen sie über diese Dinge. Das Bettnässen wurde mit keinem einzigen Wort erwähnt! Der Junge war bald geheilt.

Erickson hatte nichts anderes getan als über den »Muskel ganz unten im Bauch gesprochen, der sich schließt und den Inhalt so lange behält, bis er ihn entleeren will«. Der Junge wusste sehr wohl, welcher andere Muskel ähnliche Funktionen ausübt wie der Schließmuskel des Afters. Man musste es ihm nicht eigens sagen.


Originell war auch Ericksons paradoxe Arbeit mit dem kleinen Robert. Erickson erzählte dem Jungen, dass er seine Eltern nicht die *ganze* Zeit enttäuschen könne:

*Deine Eltern wissen sehr gut, dass du ins Bett machst. Im tiefsten Herzen glauben sie dies, und nichts kann ihre Meinung ändern. Immer wieder werden sie dir das zeigen! Was ich nun von dir verlange, ist nicht besonders angenehm, doch es ist notwendig. Heute ist der dritte Dezember; warum sollte man nicht den dreizehnten Dezember wählen? So wählen wir also den dreizehnten Dezember. Das wäre ein guter Tag! Die Zahl dreizehn gilt ja auch als Unglückszahl. Also: In der Nacht zum dreizehnten Dezember machst du einfach ins Bett; auch wenn es dir sehr schwer fällt, mach ins Bett. Enttäusche deine Eltern nicht. Sie wissen ja*

---

[16] Jay Haley: *Die Psychotherapie Milton H. Ericksons*, München 1978, S. 203.

*sehr gut, dass du so etwas machst, aber du musst es ja nicht jede Nacht tun. Okay, du wählst diese Nacht und machst es!*[17]

Erickson vermittelt dem Kind, dass niemand anders als es selbst die Kontrolle ausübt, auch wenn es das nicht weiß. Wenn Robert tatsächlich den dreizehnten Dezember auswählt, zeigt er sich selber, wer Herr im Haus ist. Er wird Dr. Erickson erzählen, wie hart es für ihn war, absichtlich das Bett nass zu machen, um seine Eltern nicht zu enttäuschen. Erickson wird ihm antworten: »Ja, es war hart. Aber es war die Sache wert, um deiner Mutter willen! Was den dreizehnten angeht: Ich denke, wir könnten beim nächsten Mal auch warten bis zum dreizehnten Februar oder Januar oder März ...« Nach Ericksons Erfahrung reicht oft ein zwei- bis dreimaliges absichtliches Bettnässen aus, um erfolgreich zu sein.

Auch Bert Hellinger hat bei Bettnässern das Geschichtenerzählen der Hypnotherapie Ericksons erfolgreich eingesetzt. So kann man Geschichten wählen, in denen der Wasserhahn zugedreht oder eine Dachrinne repariert wird. Ein Vater, der zu Bert Hellinger kam, hatte eine bettnässende Tochter. Abends hat ihr der Vater solche Märchen erzählt, zum Beispiel eine von Bert Hellinger veränderte Version des »Rotkäppchens«:

*Das Rotkäppchen kommt zur Oma, will gerade zur Tür hinein und sieht, dass die Dachrinne tropft. Da spricht es zu sich selbst: »Ich gehe in den Schuppen und hole Pech, um das Loch dicht zu machen, damit der Vorratsraum nicht nass wird.« Dann erst geht sie in das Haus der Großmutter.*[18]

---

[17] Vgl. Jay Haley (Hg.): *Conversations with Milton H. Erickson, M. D., Bd. 3: Changing children and families,* o. O. 1985, S. 131 ff.

[18] Hellinger: *Die Quelle braucht nicht nach dem Weg zu fragen,* a. a. O., S. 304 f. Hier finden sich das oben zitierte Rotkäppchen-Beispiel und auch Geschichten über Verstopfung und kindliche Trotzreaktionen.

Auch für »Schneewittchen« gibt es eine geeignete Variante:

*Von den sieben Zwergen kommt morgens einer und beklagt sich, er sei durch das Dach nass geworden und am Morgen habe er total durchnässt im Bett gelegen. Schneewittchen antwortet, dass es das sofort in Ordnung bringt. Während die Zwerge sich an die Arbeit machen, klettert Schneewittchen aufs Dach und sieht, dass nur ein einzelner Ziegel etwas verschoben ist, und bringt ihn wieder an die richtige Stelle. Als der Zwerg abends heimkommt, ist er so müde, dass er vergisst, nach dem Zustand des Dachs zu fragen. Selbst am nächsten Morgen vergisst er es, denn es ist alles in Ordnung.*

Auf Hellingers Rat erzählte der Vater seiner Tochter diese veränderten Märchen. Sie wirkten schon in der ersten Nacht! Das Bett des Mädchens war am Morgen trocken. Doch dabei hat der Vater noch etwas anderes erlebt, das auffällig war. Wenn er der Tochter früher Märchen erzählte, hatte sie stets genau darauf geachtet, dass der Vater sie immer gleich vortrug. Er durfte nichts hinzufügen und nichts weglassen. Doch diesmal hatte sie auf die deutlichen Abweichungen der Märchen überhaupt nicht reagiert, sondern es als etwas Selbstverständliches hingenommen. Daran lässt sich erkennen, dass sich die wissende Seele des Kindes mit dem Erzähler der Geschichte verbündet. Die Seele möchte eine Lösung, ohne dass es ihr allzu deutlich gesagt wird.

Weil der Vater das Problem nicht beim Namen genannt hat, wurde die Scham des Kindes geachtet. Da sich das Kind auf diese Weise geachtet fühlte, konnte es auf die indirekten Lösungsvorschläge reagieren. Das Kind ist nicht dumm: Es weiß sehr genau, dass es ins Bett macht; deswegen braucht man es ihm auch nicht wiederholt zu sagen! Wenn Eltern ihre Kinder auf beherrschende Weise und dazu auch noch häufig auf das Problem aufmerksam machen, fühlen sich die Kinder schwach, unterlegen und inkompetent. Wenn es nun dem Rat der Eltern folgte, würde das Kind an Selbstgefühl verlieren. Dagegen schützt sich das Kind, indem es die guten Ratschläge von Vater und Mutter verwirft. Gerade weil die Eltern einen zu offensichtlichen Rat geben, muss es das Kind anders machen, um seine Würde zu wahren. Spürt das Kind jedoch in einem eher indirekten Rat eine tiefe Liebe, folgt es ihm gerne.[19]

Auch andere Kurzzeittherapeuten wie Steve de Shazer haben darauf hingewiesen, wie wichtig es ist, dass das Kind geachtet wird. Außerdem empfiehlt de Shazer die Suche nach der Ausnahme: Stimmt die Problembeschreibung der Eltern tatsächlich so, wie sie abgegeben wird? »Mein Sohn macht jede Nacht ins Bett!«, sagt beispielsweise eine Mutter bei der Beratung. Hier kann der Therapeut fragen: »Hat Ihr Sohn in den letzten acht Wochen buchstäblich *jede* Nacht ins Bett gemacht?« Falls sich zeigt, dass es Ausnahmen gibt – und es gibt fast immer welche –, kann er fragen: »Bei welchen Gelegenheiten macht Ihr Sohn nicht ins Bett? Was war am Abend vorher? Was haben Sie in der Familie zusammen gemacht, oder was hat der Junge am Abend zuvor unternommen?« Stellt sich zum Beispiel heraus, dass der Junge stets in solchen Fällen eine bestimmte Tätigkeit ausgeübt hatte, dann kann diese Tätigkeit »verordnet« werden, sofern keine anderen Gründe dagegen sprechen.

De Shazer vermittelt überreagierenden Eltern bettnässender Kinder, dass ihre Wahrnehmung ungenau ist und das Problem weiter zementiert: Es gibt fast bei jedem Kind ab und zu »trockene Tage«. Trotzdem bleiben die Eltern bei ihrer eingeengten Wirklichkeitswahrnehmung: »Mein Kind macht jede Nacht ins Bett.« Die bewusste Wahrnehmung der Ausnahme gegenüber der Regel kann jedoch einen Umschwung bewirken. Die Ausnahmen von der Regel werden von den Eltern nicht wahrgenommen, weil sie sie

---

[19] Das Folgende nimmt Bezug auf Steve de Shazer: *Wege der erfolgreichen Kurzzeittherapie*, München 1995, passim.

als gering erachten. Für sie handelt es sich um Unterschiede, die sich zu »unspektakulär« und zu langsam vollziehen. Doch der Therapeut fragt genau nach diesen vernachlässigten Besonderheiten: Welches sind die Begleitumstände und die Muster des »trockenen Bettes« und die Begleitumstände und Muster des »nassen Bettes«? Aus diesen Informationen kann der Therapeut einen individuellen Behandlungsplan erstellen.

De Shazer gibt geplagten Eltern von Bettnässern den Rat, es versuchsweise auch einmal völlig zu ignorieren, wenn das Bett des Kindes trocken ist. Ein trockenes Bett für einen zwölfjährigen Jungen ist wirklich eine ganz normale Sache. Warum sollte man da ein Lob aussprechen? Wenn man ein Kind in dieser Situation lobt, könnte man das Gegenteil des Gewünschten erreichen: Ihm wird signalisiert, dass es nicht ganz normal und es etwas Besonderes sei, dass es letzte Nacht nicht eingenässt habe. Dem Kind soll aber genau das Gegenteil vermittelt werden!

Als weitere Möglichkeit, den starren Denkrahmen der Beteiligten aufzuweichen, könnte man sowohl die Eltern als auch das Kind bitten, jeden Abend für sich *im Stillen* eine Prognose zu machen, ob das Bett trocken bleibt oder nicht. Auch auf diese Weise könnte die Ansicht, dass das Kind »immer« ins Bett macht, infrage gestellt werden. Von der Änderung des Denkens zur Änderung des Verhaltens ist es dann nicht mehr weit.

Bei den Ratschlägen, die Eltern ihren Kindern geben, gibt es noch etwas anderes, Wichtiges zu beachten: Wenn eine Mutter zu ihrem Sohn sagt: »Mach nicht ins Bett«, erreicht sie noch aus einem anderen als den bisher gesagten Gründen oft das Gegenteil: Moderne kurzzeittherapeutische Verfahren wie zum Beispiel das NLP und die Hypnotherapie weisen mit Recht immer wieder darauf hin, dass das Unbewusste keine Verneinung kennt. Völlig verfehlt ist deswegen auch die Plakatkampagne »Keine Macht den Drogen!«. In den Köpfen der Jugendlichen kommt nur an: »Macht den Drogen!« Wer das Gesagte nicht glaubt, möge folgenden Selbstversuch machen: Denken Sie eine Minute lange bitte *nicht* an einen Frosch, der eine große Sonnenbrille trägt! – Was haben Sie innerlich gesehen, und an was haben Sie in der letzten Minute gedacht?

Wenn Sie mit Ihrem Kind sprechen, sollten Sie vorher einen Moment innehalten und prüfen, ob Sie solche Verneinungen nicht umformulieren können: Statt »Iss unterwegs nicht so viele Süßigkeiten, du kriegst Blähungen!« könnte man auch sagen: »Iss von den Äpfeln und Bananen, die ich dir eingepackt habe, die tun dir gut.« Statt »Hack dir mit dem Beil nicht in den Fuß!« kann man dem Jugendlichen sagen: »Geh vorsichtig mit dem Beil um!«

In diesem Zusammenhang kann man älteren Kindern zur Vertiefung auch eine Geschichte erzählen, die sich auf ähnliche Weise tatsächlich ereignet hat: Ein junger Mann verletzte sich beim Hacken. Als der Vater ihn fragte, wie es passiert sei, antwortete er: »Ich hatte keine Achtung mehr vor der Gefährlichkeit des Beils – ich habe es nicht mehr richtig ernst genommen.«

Das hier dargestellte Geschichtenerzählen hat Bert Hellinger ebenso auf das Einkoten angewendet. Die Geschichte lautet:
*Ein anderer Zwerg trug auch einen schweren Sack, der ihn drückte. Er dachte sich, was soll ich den lange tragen, stieß ihn mit Absicht an einen Ast, sodass er ein Loch bekam, und er rann aus. Der Zwerg war froh, dass der Sack so leicht war, und drehte sich nicht einmal um. Als er nach Hause kam, war die Mutter traurig, denn in dem Sack war lauter Gold gewesen. Der kleine Zwerg nahm sich vor: »Das nächste Mal trag ich den Sack noch etwas länger, auch wenn er mich drückt.«*[20]
Wenn bettnässende oder einkotende Kinder selbstmordgefähr-

---

[20] Hellinger: *Die Quelle braucht nicht nach dem Weg zu fragen*, a. a. O., S. 306 f.

det oder stark verhaltensauffällig sind, bleiben die oben erwähnten kurzzeittherapeutischen Methoden leider meist erfolglos. Für diese schweren Fälle sind Familienaufstellungen eine oft erfolgreiche Alternative. Wie schon erwähnt, reagiert das bettnässende Kind aus systemischer Sicht häufig auf eine große Spannung in der Familie. Wie in vielen Fällen zu beobachten ist, fühlt das Kind einen starken Konflikt zwischen den Eltern, mit dem es nicht anders umzugehen weiß.

In dem nun geschilderten Fall sind es eine Reihe von Selbstmorden in der Familie des Vaters, die in der Gegenwartsfamilie das Klima für die Kinder tief geprägt und die Eltern auseinander gebracht haben.

*Florian, zehn Jahre, Bettnässer*

Waltraud kam in eine Gruppe, weil sie feststellte, wie die Selbstmorde in der Familie ihres Mannes eine tiefe Depression über alle gebracht hatten. Sie spürte, dass ihre Ehe gefährdet war. Mit keinem einzigen Wort erwähnte sie jedoch, dass ihr zehnjähriger Sohn Florian nachts einnässte. Angesichts all des anderen Schweren spielte das Bettnässen des Kindes für die Mutter nur eine untergeordnete Rolle.

Florian ist das mittlere ihrer Kinder. Unter einer Reihe von psychosomatischen Symptomen leidet aber auch das älteste Kind, eine Tochter. Das dritte Kind ist ein Sohn.

Es kam zu einer sehr langen und intensiven Aufstellung, über die hier nur auszugsweise berichtet wird. Schnell wurde sichtbar, dass es sowohl Florian als auch die älteste Tochter anstelle des Vaters aus der Gegenwartsfamilie heraustreiben. Der Vater, Waltrauds Mann, verlor seinen Vater im Alter von drei Jahren, weil dieser sich umbrachte. Der Bruder des Vaters, der Onkel von Waltrauds Mann, brachte sich ebenfalls um, genau wie auch deren gemeinsame Mutter (Großmutter von Waltrauds Mann) sich umbrachte.

Diese Frau hatte, als sie aufgestellt wurde, eine furchtbare Wirkung auf alle Beteiligten. Auf Nachfrage ergab sich, dass sie bei ihrem Selbstmord versucht hatte, ihre beiden Söhne ebenfalls umzubringen. Doch die Kinder konnten gerade noch gerettet werden. Wie schon geschildert wurde, haben die Söhne später freiwillig denselben Weg aus dem Leben gewählt wie ihre Mutter.

Nach vielen einzelnen Schritten in der Aufstellung war ein entscheidender Punkt, dass jene Frau, die ihre Söhne mit in den Tod reißen wollte, von der Familie räumlichen Abstand nahm. Erst dann trat unter allen Stellvertretern eine Entspannung ein. Waltrauds Mann allerdings konnte den frühen Tod seines freiwillig aus dem Leben geschiedenen Vaters nicht verkraften. Er blieb bei ihm stehen, während Waltraud sich schützend vor ihre Kinder stellte. Der Sog des Mannes zu seiner Herkunftsfamilie beherrschte das Bild.

Der Mann war nicht bereit gewesen, Waltraud zum Seminar zu begleiten. Um hier zu einer Lösung für die ganze Familie zu kommen, wäre es natürlich von Vorteil, dass jener Ehepartner zugegen ist, dessen Schwerwiegendes die Gegenwartsfamilie belastet. Der Respekt vor dem Ehepartner gebietet aber, nicht für diesen therapeutisch zu arbeiten. Alles andere wäre schlimm, denn als Partner darf man nicht zum Therapeuten des anderen werden.

Waltraud kann hier nicht mehr tun, als ihrem Mann von dem zu berichten, was sie gesehen hat. Wenn er will, kann er sich dem Geschehen stellen und tiefer in seine Herkunftsfamilie gehen. Ansonsten bleibt der Frau hier nur, in Liebe und Achtung auf die familiäre Verstrickung des Partners zu schauen. Wer heiratet, bindet sich nicht nur an den geliebten Menschen, sondern immer auch an dessen ganze Familie!

Neun Monate später sah ich Waltraud wieder. Erst jetzt berichtete sie mir, dass Florian ein Bettnässer gewesen war: »Als ich am Sonntagabend vom Aufstellungsseminar nach Hause kam, muss in Florian eine Veränderung stattgefunden haben. Genau seit diesem Tag hörte sein Bettnässen schlagartig auf – er hat seitdem kein einziges Mal wieder eingenässt!« Waltraud berichtete, dass sich auch die Ehe mit ihrem Mann seit der Aufstellung gebessert hat. Nachdem durch die Aufstellung klar geworden war, dass die Kinder an ihre Seite müssen, löste sich die psychische Spannung für ihre drei Kinder.

## Asthma und Allergien

Asthma und Allergien zeigen im Hintergrund oft eine unterbrochene Hinbewegung zu Vater oder Mutter. In den unterschiedlichsten Fällen kann es schwer sein, den eigenen Elternteil zu nehmen. Wenn beispielsweise eine Frau verbunden ist mit der ersten Frau ihres Vaters, dann stellt sie für ihre Mutter eine Rivalin dar.[21] Es ist ihr nicht möglich, die Mutter als Mutter zu nehmen. Wird diese Hinbewegung zur Mutter erlaubt, kann oft auch der Körper positiv darauf reagieren.

Bert Hellinger zeigte in einem Fall den Hintergrund eines asthmatischen Mannes auf. Er sagte ihm: »Treue zur Mutter verursacht (in diesem Fall) Asthma ... Asthma ist häufig die Folge einer unterbrochenen Hinbewegung.«[22] In der betreffenden Aufstellung traute sich der Mann aus Treue zur Mutter nicht, den Vater als Vater zu nehmen.

Auch frühe Trennungen von den Eltern, zum Beispiel durch Klinikaufenthalte, führen zu einer unterbrochenen Hinbewegung. Das Baby ist wütend, dass die Eltern es allein gelassen haben.

---

[21] Siehe den Fall einer Allergikerin in meinem Buch: *Wenn Dornröschen nicht mehr aufwacht*, a. a. O., S. 51 ff.

[22] Hellinger: *Die Quelle braucht nicht nach dem Weg zu fragen*, a. a. O., S. 189.

Diese Wut wird auch nach der Entlassung aus der Klinik nicht vergessen. Selbst als Erwachsener ist das Kind noch wütend auf die Eltern, besonders auf die Mutter, und hat oft große Probleme in der Ehe oder in Beziehungen, Nähe zuzulassen. Tiefe seelische Nähe lässt immer wieder die frühe Wunde aufreißen, woraus eine Flucht vor Nähe entstehen kann. Therapeutisch ist für die betroffenen Kinder insbesondere die Festhaltetherapie nach Jirina Prekop hilfreich.

### Dennis, vier Jahre, Asthma und Allergien

Kathrins und Peters vierjähriger Sohn Dennis leidet schon lange an Asthma und Allergien. Des Weiteren haben die beiden noch eine siebenjährige Tochter. Im Gespräch vor der Gruppe sagt Kathrin, dass ihr der Ehemann stets »die Energie absaugt«. Peter sitzt stumm neben ihr. Anscheinend ist er es gewohnt, dass seine Frau auf diese Weise über ihn spricht. Peter ist vor allem wichtig, dass es seinem Sohn besser geht.

Die Aufstellung zeigt etwas völlig anderes als das, was Kathrin berichtete: Sowohl der Sohn als auch der Ehemann leiden für Kathrin. Der Sohn steht wie ein Tröstender neben der Mutter. Wie sich zeigt, will Kathrin einem tot geborenen Kind aus der Ehe folgen. Sie hat den Tod des Kindes bis heute nicht verkraftet. Durch die starke Nähe zur Mutter hat der noch lebende Sohn keine Chance, seinen Vater zu nehmen. Indem sich die Eltern, vor allem Kathrin, in Liebe der Totgeburt zuwenden und das Kind als ihr zweites von drei Kindern ganz nehmen, kann der asthmatische Dennis endlich ohne Schuldgefühl wieder zum Vater. Er umarmt seinen Vater wie ein Ertrinkender. Hier »atmet« er in jeglicher Hinsicht auf.

### Camilla, vier Jahre, Asthma und schwere Hausstauballergie

Silke und Achim sorgen sich um ihre Tochter und kommen gemeinsam zu einem Seminar. Camilla ist ein Einzelkind und leidet seit einiger Zeit unter Asthma. In der Aufstellung zeigt sich, dass der Mann an den Rand gestellt ist. Er will auch sogleich weggehen: »Die beiden wollen mich nicht!«, sagt er.

Der Tochter geht es sehr schlecht. Auf den Impuls des Therapeuten wechseln Mann und Frau die Plätze. So steht Camilla plötzlich direkt bei ihrem Vater. Sogleich strahlt sie über das ganze Gesicht. Sie lehnt sich an ihn an und atmet tief ein.

Der Therapeut wendet sich an Silke und Achim, die auf ihren Stühlen zusehen: »Besteht ein Verbot, dass das Kind nicht zum Vater darf?« Noch kaum hat er die Frage ausgesprochen, rinnen Achim die Tränen herunter, und er verbirgt sein Gesicht in den Händen. Ich bitte Silke, ihren Mann anzusehen und ihm direkt in die Augen zu sagen: »Ich freue mich, wenn Camilla auch zu dir kommt.« Doch Silke hatte es nur geflüstert. Man konnte es kaum hören. Wieder bittet der Therapeut: »Bitte sag es noch einmal, aber jetzt lauter!« Silke kann es nun lauter sagen. Beide weinen.

Asthma entsteht oft, wenn ein Kind zu einem Elternteil nicht hingehen kann oder darf. Camilla braucht die Erlaubnis der Mutter, um zum Vater gehen zu können, denn Camilla ist der Mutter treu. Camillas Stellvertreterin sagt nun: »Ich muss es noch einmal hören! Ich kann es noch gar nicht ganz glauben, dass ich auch zum Vater kann!« Silkes Stellvertreterin sagt es in der Aufstellung noch einmal zu ihrem Mann (Achims Stellvertreter). Jetzt nickt Camilla und fasst ihren Vater beherzt an der Hand. Auf den Hinweis des Therapeuten setzt sich das Kind vor den Vater und lehnt sich an ihn. Es atmet nun die väterliche Kraft ein, was Camilla sichtbar gut tut.

Wie sich im weiteren Geschehen zeigt, ist Silke viel tiefer in ihrer Herkunftsfamilie verwurzelt als in der gegenwärtigen. Der Mann und das Kind interessieren sie nur wenig. Camilla bleibt neben ihrem Vater. Sie strahlt: »Es ist zwar schade, dass die Mutter weggehen will, doch beim Papa geht's mir gut.«[23]

Bei einem später stattfindenden Seminar stellt Silke ihre Herkunftsfamilie auf. Sie berichtet, dass erst die Nachwirkungen des ersten Seminars sie dafür bereit gemacht hatten. Silke erkennt nun ihre Verbindung zu einer Reihe von traumatischen Ereignissen in ihrer Herkunftsfamilie. Was Camilla betrifft, erzählt Silke, dass die Tochter mittlerweile gesund sei. Die Familiensituation habe sich seit der ersten Aufstellung völlig verändert: Achim, ihr Ehemann, habe jetzt viel mehr Kontakt zur Tochter als früher und blühe nun in seiner Vaterrolle auf. Er sei als Mann und Vater viel stärker geworden, als er früher war. Umgekehrt gehe auch Camilla nun auf den Vater zu und genieße es, mit ihm zusammen zu sein.

Über die Gesundheit gibt es ebenfalls Positives zu berichten. Wegen der ernsten Asthmaanfälle ging Camilla früher in bestimmten Abständen zur medizinischen Kontrolle. Beim letzten Arztbesuch jedoch haben umfangreiche Blutuntersuchungen und Untersuchungen der Atmungsorgane keinerlei krankhaften Befund in Bezug auf Asthma und Allergien mehr feststellen können. Camilla wurde medizinisch bestätigt, sie sei jetzt »völlig gesund«.


Manchmal braucht es nicht nur die Zustimmung des einen Elternteils, dass das Kind den ausgeklammerten Elternteil auch wirklich nehmen darf, sondern es bedarf in seltenen Fällen auch der Zustimmung der Geschwister. In diesem Zusammenhang erinnere ich mich an ein lange zurückliegendes Aufstellungsseminar. Eine seit Kindheit lebensbedrohlich an Asthma erkrankte junge Frau war mit ihren zwei älteren Schwestern zu einem

---

[23] Der zweite Teil der Aufstellung zeigte dann die Verbindung der Mutter mit ihrer Familie, doch er wurde hier weggelassen.

Aufstellungsseminar gekommen. Als die junge Frau aufstellte, zeigte sich, dass die Mutter den Kindern, vor allem der jüngsten Tochter, den Zugang zum Vater unmöglich machte. Außerdem bestand viel Rivalität und Eifersucht unter den Schwestern.

Die Mutter, die jenseits von Gut und Böse zu sein schien, zog sich schließlich von der Familie zurück und ging an die Seite eines früheren Partners. Von dort aus konnte sie der Tochter sagen: »Ich freue mich, wenn du deinen Vater nimmst.« Die Stellvertreterin fiel ihrem Vater vor Freude in die Arme und weinte an seiner Brust. An dieser Stelle kam die Klientin an ihren eigenen Platz, wo sie in tiefen Atemzügen und voller Freude ihren Vater nahm. Dann blickte sie auf die zwei Schwestern, die noch auf ihren Stühlen saßen und zuschauten. Sie strahlten ebenfalls und freuten sich für ihre jüngste Schwester. Die asthmakranke Frau sagte ihnen: »Ich dachte in meiner ganzen Kindheit, ihr seid mir böse, wenn ich zum Papa gehe.«

Auch die beiden Schwestern kamen nun an ihren eigenen Platz in der Aufstellung. Überzeugend versicherten sie der Jüngsten: »Wir freuen uns so für dich, dass du zum Papa gehst.«

Noch einmal wandte die Frau ein: »Ihr seid mir wirklich nicht böse, wenn ich zum Papa gehe?« Erst nach einer erneuten liebevollen Bestätigung durch die Schwestern wandte sich die kranke Frau noch einmal dem Vater zu, und diesmal konnte sie noch tiefer und freier an seiner Seite atmen. Anschließend bedankte sie sich innig bei der Mutter, beim Vater und bei den Schwestern.

Die im Kapitel »Bettnässen und Einkoten« erwähnten kurzzeittherapeutischen Methoden lassen sich durchaus auch bei Asthma anwenden. Die Therapeuten Joyce Mills und Richard Crowls zum Beispiel erwähnen in einem ihrer Bücher, wie sie mit dem Ericksonschen Geschichtenerzählen helfen konnten.

Die siebenjährige Joan hatte aufgrund von Asthmaanfällen starke Probleme mit der Atmung. Der Therapeut erzählte ihr eine spontan erfundene Geschichte, die um einen kleinen Wal kreiste, denn das Mädchen interessierte sich sehr für Wale.

*Der Wal in der Geschichte hatte Probleme, durch sein Spritzloch Wasser herauszublasen. Es war ein kleiner Wal, und er liebte es, unbeschwert im Meer herumzutollen. Plötzlich bekam er Probleme mit seinem Spritzloch: Es blieb häufig etwas »stecken«, wenn er sich bemühte, das Wasser herauszublasen.*

*Daraufhin kam ein älterer Wal hinzu, der viele wunderliche Dinge wusste und auch über Spritzlöcher äußerst bewandert war. Beispielsweise erinnerte sich der große Wal, wie man gut mit Schwierigkeiten umgeht. Zuweilen ist es schwer im trüben Wasser, das Futter gut zu erkennen. Der alte Wal erklärte, wie man als junger Wal all seine anderen Sinne einsetzen kann, um zum Futter zu gelangen, bis das Wasser wieder durchsichtig ist. Im weiteren Gang der Geschichte erzählte der große Wal, wie man üben kann, um seine Spritzlöcher am besten zu gebrauchen.*

Während Joan der Geschichte lauschte, saß sie lächelnd auf dem Schoß der Mutter. Joan meinte, es gehe ihr schon besser. Den Tag darauf rief die Mutter an und erzählte, dass Joan im Gegensatz zu sonst mit nur geringfügigen Unterbrechungen geschlafen hätte. In einer Sitzung vierzehn Tage später erzählte die Mutter, dass es ihrer Tochter gut gehe. Und im kommenden Hochsommer musste Joan kein einziges Mal in eine Klinik eingeliefert werden, wie das sonst immer der Fall gewesen war. Eine kleine Arzneimittelgabe hatte völlig ausgereicht.[24]

Die in dieser Geschichte benutzten Metaphern sind aus mehreren Gründen bemerkenswert. Geschickt hat der Therapeut sich eines Lieblingsthemas des Kindes bedient: Dies fördert seine

---

[24] Vgl. Mills/Crowley: *Therapeutische Metaphern für Kinder und das Kind in uns,* a. a. O., S. 64 f.

Aufmerksamkeit. Die Probleme des kleinen Wals mit seinem Spritzloch müssen das Kind unbewusst sofort an die eigenen Atemprobleme erinnert haben! Die Lösung in der Geschichte wird eingeleitet durch den großen, älteren Wal, der den kleinen Wal in vielerlei Hinsicht vertrauensvoll in seine Obhut nimmt.

Dieses Bild ist ein berührendes »Eltern-Kind-Bild«. Aus Sicht der Familienaufstellungen muss das asthmatische Kind lernen, nicht nur einen, sondern beide Eltern ganz zu nehmen. Das Nehmen der Eltern und die Bereitschaft, sich bei Eltern in die Obhut zu begeben, wird durch die hier gewählten Bilder auf stimmige Weise beim Kind in Gang gesetzt. Das Kind weiß selber am besten, wen der Wal darstellt. Es ist somit möglich, dass das Kind in der Geschichte mehr erfährt als nur Dinge, die um das Lernen der Atmung kreisen.

Der Therapeut hat hier Metaphern gewählt, deren Stimmigkeit man aus Sicht der Familienaufstellungen nur bejahen kann! Daraus könnte man auch die Folgerung ziehen, als Eltern oder auch als Therapeut *bewusst* Geschichten zu erfinden, in denen sich Erkenntnisse aus Familienaufstellungen mit moderner Kurzzeittherapie verbinden.

## Stottern

Ähnlich wie beim Bettnässen bedarf es beim Stottern nicht immer einer Familienaufstellung. Zuweilen reagiert das Kind auf einen Paarkonflikt der Eltern, auf einen Umzug oder auf eine Veränderung der sozialen Umgebung. Möglicherweise besteht auch anderweitig in der Familie momentan eine große Spannung, die das Kind spürt und mit seinem Symptom ausdrückt. Viele Behandler stotternder Kinder haben die Erfahrung gemacht, dass ihre Klienten wie Seismographen auf die *momentane* Belastungssituation in der Familie reagieren: Je niedriger der gegenwärtige familiäre Stress ist, desto besser können die stotternden Kinder sprechen. Wenn dagegen die Belastungen wieder zunehmen, verschlimmert sich in der Regel auch die Sprachstörung.

Der Vater eines stotternden Sohnes erzählte mir, dass er beruflich oft unter extremem Stress stand. Er hatte den Eindruck, er könne sein berufliches Leben nicht anders organisieren, als er es tat. Doch er wurde den Verdacht nicht los, dass das schlimmer werdende Stottern seines Sohnes eine Botschaft für ihn als Vater sei. In der Tat war nicht nur die Ehefrau verärgert, dass sie ihren Mann selbst am Wochenende kaum noch zu Gesicht bekam, sondern auch die Kinder fühlten sich »vaterlos«. Der jüngste Sohn der drei Kinder schien besonders stark auf den fehlenden Vater zu reagieren. Der Mann machte einen Versuch, um seine Vermutungen zu überprüfen: Er organisierte seinen Berufsalltag um, delegierte mehr Aufgaben als früher an Untergebene und nahm billigend in Kauf, dass hier und da ein finanziell lukrativer Auftrag verloren ging.

In der Folge genossen es alle in der Familie, dass der Vater wieder mehr Zeit hatte. In den ersten drei Wochen blieb das Stottern des Kindes noch so, wie es war. Doch danach bildete es sich kontinuierlich zurück, bis es gänzlich dauerhaft verschwand!

In der Kinder-Hypnotherapie werden dem Kind oft Märchen und Geschichten erzählt, die metaphorisch auf sein Problem Bezug nehmen. So können die Geschichten beispielsweise Bilder verwenden, die das Selbstvertrauen erhöhen.

Doch nicht nur durch das Erzählen von Geschichten können therapeutische Wirkungen erzielt werden. Bei Stotterern bietet es sich an, die reine Sprachtherapie, die aus Lesetext-Übungen besteht, bei denen der Stotterer laut das Lesen übt, scheinbar *beiläufig* mit der Hypnotherapie zu verbinden. Dies geschieht dadurch, dass der Stotterer speziell ausgewählte Texte vorliest, die psychotherapeutische Wirkungen haben.

Bernhard Trenkle und Uwe Gabert-Varga beschreiben, wie sie einem Dreizehnjährigen einen Text auf den Leib schrieben, den dieser immer wieder laut lesen musste:

*Charlie hatte schon lange die Schnauze voll, es ärgerte ihn maßlos, aber meist ganz im Stillen, wenn Leute seine Sommersprossen bemerkten und – so meinte er – verächtlich den Kopf schüttelten. Seit einiger Zeit ging das jetzt schon so. Früher, als er noch kleiner war ...*[25]

Wie unschwer zu erkennen ist, hat dieser Text eine besondere unterschwellige Funktion: Die Sommersprossen und der Ärger, den sie auslösen, stehen für das Stottern und seine sozialen Folgen. Dieser erste Text vermittelt dem Kind, dass es in seiner Not verstanden wird. Die in der Therapie darauf folgenden Texte hatten verschiedene unterschwellige Botschaften, zum Beispiel jene, Angst abzubauen:

*... In dem Moment, als Charlie die Türklinke in die Hand nahm* [aus dem Haus gehend], *spürte er, dass er plötzlich neugierig war, zu entdecken, wie andere auf seine Sommersprossen wirklich reagierten ... Bei allen Leuten versuchte er, genau herauszubekommen, wie sie sich verhielten, wenn sie seine Sommersprossen bemerkten. Diese Neugier nahm ihn vollkommen gefangen, dabei merkte er gar nicht,* dass er keine Zeit mehr hatte, so ängstlich zu sein.[26]

Ähnlich wie beim Bettnässen ist es für die Eltern von stotternden Kindern wichtig, dass sie ihre Tochter oder ihren Sohn nicht besonders wegen ausbleibenden Stotterns loben. Ein Pionier der Stimm- und Sprachtheorie, Charles van Riper, fragte einen

---

[25] Uwe Gabert-Varga und Bernhard Trenkle: »*Therapeutische Anekdoten bei der Behandlung von Sprachstörungen*«, in Siegfried Mrochen, Karl-Ludwig Holtz und Bernhard Trenkle: *Die Pupille des Bettnässers*, Heidelberg 1993, S. 157 ff. Hier wurden nur die ersten Sätze des Textes zitiert, der tatsächlich viel länger ist.

[26] Ebenda, S. 159, Hervorhebung (= nicht kursiv) durch Thomas Schäfer.

zwanzigjährigen Stotterer zum Abschluss der Therapie, wie er denn auf seine Eltern reagieren wird, wenn er sie demnächst besuche und sie ihn wegen seiner Sprachfortschritte loben würden. Der junge Mann antwortete, dass er dann den Eltern von seinem Therapeuten van Riper erzählen werde. Van Riper wies die Antwort zurück: »Ich sage dir, was du absichtlich stotternd sagen kannst: ›Jjjjjjjjjjaaa, iiiiiich spspspspspspspreche schon viel bbbbbbbbbbbbesser.‹«[27]

Mit diesem Hinweis versuchte van Riper einem möglichen Rückfall vorzubeugen. Indem nämlich die Eltern den Sohn wegen seines besseren Sprechens loben, vermitteln sie ihm auf unterschwellige Weise, dass Stottern nicht in Ordnung und unnormal ist.

Kurzzeittherapeutische und hypnotherapeutische Ansätze bei stotternden Kindern haben zwar in manchen Einzelfällen dauernden Erfolg, doch insgesamt sind die Ergebnisse durchwachsen. Die renommierten Hypno-Kindertherapeuten Karen Olness und Daniel Kohen ziehen eine realistische Bilanz:

*Bei allen behandelten Kindern konnten wir in Trance eine dramatische oder sogar vollständige Abnahme des Stotterns feststellen. Auch wenn dies Freude und Stolz auslöste, so konnte keines der Kinder die positiven Effekte dauerhaft aufrechterhalten, obwohl wir folgende Suggestion als Affektbrücke gaben: »Bringe deine flüssige, glatte Sprache mit in deinen normalen Bewusstseins- und Aufmerksamkeitszustand.«*[28]

Wenn das Stottern bei einem Kind nicht allein auftritt, sondern als Zusatzsymptome schwere Verhaltensstörungen, andere Auf-

---

[27] Zitiert nach Bernhard Trenkle: *»Ericksonsche Hypno- und Psychotherapie bei Bettnässen«*, in Mrochen et alii: *Die Pupille des Bettnässers*, a. a. O., S. 149.

[28] Karen Olness und Daniel P. Kohen: *Lehrbuch der Kinderhypnose und -hypnotherapie*, Heidelberg 2001, S. 186.

fälligkeiten oder beispielsweise eine Todessehnsucht vorhanden sind, bedeuten Familienaufstellungen eine wichtige Therapiemöglichkeit. Im folgenden Fall hätte eine rein hypnotherapeutische Hilfe vermutlich nicht ausgereicht.

*Edwin, zwölf Jahre, Stotterer und autoaggressiv*
Stefanie und Kurt kommen in ein Seminar, weil sie sich um den ältesten ihrer fünf Söhne sorgen. Während Stefanie sich von einer Familienaufstellung viel verspricht, ist Kurt der Methode gegenüber skeptisch. Er nimmt eher eine beobachtende und abwartende Haltung ein. Seine innerliche Reserve ist deutlich spürbar.

Der gemeinsame Sohn Edwin stottert und ist autoaggressiv. Unter autoaggressivem Verhalten versteht man beispielsweise Nägelkauen oder Nägelausreißen, Haareherausreißen, und es endet manchmal beim Einritzen der Haut mit Messern, Rasierklingen oder Scherben. Diese letzteren Dinge weisen stets auf eine starke Gefährdung hin. Edwin hatte seine Haut bisher nicht eingeritzt, doch die Eltern sahen die Situation als ernst an.

Die Aufstellung zeigte, dass sowohl Stefanie als auch Edwin für ihren Mann etwas Schweres tragen. Kurts Vater hatte viele traumatische Erlebnisse im Krieg gehabt: Die meisten seiner Kameraden starben, während er aus für ihn unerklärlichen Gründen immer verschont blieb. Auch in der russischen Kriegsgefangenschaft musste er mit ansehen, wie Kameraden starben, er jedoch blieb am Leben.

In die Aufstellung wurden nun die verstorbenen Kameraden von Kurts Vater hereingenommen, was sofort eine große Wirkung auf alle hatte. Sowohl Stefanie als auch Edwin fühlten sich neben den toten Kriegskameraden wohl. Nur Kurts Stellvertreter blickte völlig desinteressiert; er spiegelte das fehlende Interesse von Kurt, der auf dem Stuhl sitzend zusah, während Stefanie weinte. Auch als Stefanies und Edwins Stellvertreter Kurt sagten: »Wir fühlen es für dich!«, blieb dieser völlig ungerührt.

Der Therapeut wandte sich vom Aufstellungsgeschehen ab und fragte Kurt direkt: »Was ist mit dir und deinem Vater?« Es stellte sich heraus, dass Kurt seinem Vater nicht mehr in die Augen zu schauen wagte, denn er hatte ihn zutiefst verachtet. Es schien, als ob es keinen Weg mehr zurück in das Herz des Vaters gab. In der Aufstellung sagte er dem Vater: »Ich weiß nicht, ob ich als Sohn noch zu dir zurückkann!« Der Vater nickte.

Anschließend ging Stefanie an ihren eigenen Platz in die Aufstellung, während sich ihre Stellvertreterin setzte. Stefanie nahm ihre Kinder beiseite und sagte ihnen: »Die Mama ist für euch ganz da!« Allen Kindern ging es jetzt gut. Der besonders gefährdete Edwin verspürte nun keinen Sog mehr zu den toten Kameraden seines Großvaters. Stefanie weinte. Dann sagte sie ihrem Mann mit Stärke in der Stimme: »Ich warte!« Auch ihr Schwiegervater sagte seinem Sohn noch vor Beendigung der Aufstellung: »Deine Kinder und deine Frau warten!«

Kurt saß immer noch wie versteinert auf seinem Stuhl. Er vergrub seinen Kopf in den Händen. Gesprochen wurde über die Aufstellung nicht, doch im Laufe des Seminars war deutlich zu sehen, dass Kurts Seele in Bewegung kam. Die Aufstellungen, die Kurt als Beobachter oder auch als Stellvertreter miterleben konnte, bereiteten den Weg zu seinem Vater. Gegen Ende des Seminars meldete sich Kurt, um seinen Vater und sich aufzustellen. Wie sich zeigte, war das Herz des Vaters doch noch erreichbar, denn Kurt tat es jetzt sichtbar Leid, wie er sich ihm gegenüber verhalten hatte.

In den Wochen nach der Aufstellung kam Kurt in einen intensiven guten Kontakt zum Vater. Erst jetzt senkte sich die Reue immer tiefer in ihm, denn es brauchte einfach Zeit.

Mit seinem Vater im Rücken fühlten ihn endlich auch die eigenen Kinder als kraftvollen Vater. Edwin hörte nach und nach sowohl mit dem Stottern als auch mit dem autoaggressiven Verhalten völlig auf. Das Stottern war nach Ablauf eines Jahres nicht mehr aufgetreten. Der Ehe von Stefanie und Kurt kam die Aufstellung ebenfalls zugute.

Jirina Prekop hat den Fall eines stotternden Jungen erwähnt, dessen Mutter eine Familienaufstellung machte. Dieser Junge verteidigte der Mutter gegenüber seinen Vater, den sie abwertete. Das stotternde Kind reagierte darüber hinaus stark auf die Paarkonflikte der Eltern und ihre Trennung.[29] Auch die Logopädin Marlies Warncke stellte bei einem der von ihr untersuchten Fälle von Stottern fest, dass die Einstellung der Ehepartner zueinander eine deutliche Wirkung auf das stotternde Kind hat.[30]

Um einen aus dem Blickfeld geratenen Vater geht es auch bei einem Fall, den Sieglinde Schneider beschrieb. Sie fragte die Mutter des stotternden Sohnes in einer Schulberatungsstunde: »Wer in der Familie müsste vielleicht stottern?« Die Mutter erzählte dann, dass ihr Sohn unehelich sei und der Vater sie beide einmal im Monat besuche. Seine Ehefrau und seine Kinder wussten nichts von diesem Jungen. Ihnen gegenüber sprach er dann stets von einer »kleinen beruflichen Reise«, die er machen müsse. Auch dem Jungen war klar, dass das Stottern mit der Scham des Vaters verbunden war; er sprach nämlich verlegen zu seiner Mutter: »Bei einem der letzten Treffen mit Papa habe ich zu ihm gesagt: ›Wenn du nicht mehr kommen willst,

[29] Jirina Prekop und Bert Hellinger: *Wenn ihr wüßtet, wie ich euch liebe – Wie schwierigen Kindern durch Familien-Stellen und Festhalten geholfen werden kann,* München 1998, S. 97.

[30] Marlies Warncke: »Familienaufstellungen in einer logopädischen Praxis – Ein Erfahrungsbericht«, in *Praxis der Systemaufstellung – Beiträge zu Lösungen in Familien und Organisationen,* Wiesloch, 1/2001, S. 49 ff.

verstehe ich das. Ich will nicht, dass du wegen mir Ärger bekommst.«"[31]

## Nervöse Tics

Nervöse Tics müssen unterschieden werden vom Gilles-de-la-Tourette-Syndrom. Bei Letzterem handelt es sich um eine Tic-Erkrankung mit blitzartigen Zuckungen. Häufig zuckt es im Gesicht, zum Beispiel treten Augenzwinkern, Mundverzerren, Zungenschnalzen oder auch ruckartige Bewegungen des Halses oder des Rumpfes auf. Es können darüber hinaus Zwangs-handlungen auftreten wie permanentes Wiederholen bestimmter Wörter. Die Ursache dieses Syndroms ist nach Meinung der meisten Experten ein Dopaminüberschuss, eine schlecht ver-heilte Gehirn- oder Hirnhautentzündung oder eine Fehlbildung des Embryos. Auch Erbfaktoren spielen eine Rolle. Da die ge-nauen Ursachen auf medizinischer Seite umstritten sind, ist die Abgrenzung des Tourette-Syndroms von psychisch bedingten Tics im Einzelfall nicht immer leicht.

*Noah, fünf Jahre, heftige nervöse Tics*
Psychisch bedingte Tics können eine Intensität annehmen, die durchaus dem Bild des Tourette-Syndroms ähneln. Bei Noah stehen nervöses Augenzucken, ein Zucken mit dem Kopf und häufiges Nasenschniefen im Vordergrund. Karola glaubt, dass ihr Kind etwas für sie trage und deswegen an diesem Leiden erkrankt sei. Sie hätte es gern gehabt, dass der Ehemann sie begleitete, doch dieser ist nicht an Familienaufstellungen inte-

---

[31] Sieglinde Schneider: »Was Kinder brauchen«, in Sylvia Gómez Pedra (Hg.): *Kindliche Not und kindliche Liebe – Familien-Stellen und systemische Lösungen in Schule und Familie,* Heidelberg 2001, S. 25.

ressiert. Auch die Bitte, dass er es doch um des Sohnes willen tun möge, fruchtete nichts.

Im ersten Aufstellungsbild fällt über Karola, den Ehemann und auch Noah eine seltsame Erstarrung. Alles wirkt tot und leblos. Durch einige Umstellungen wird sichtbar, dass Noah mit etwas Schwerem auf Vaters Seite verbunden ist. Karola berichtet, dass ihr Mann seinen Vater nie kennen gelernt hatte. Ihr Mann ist die Folge des Seitensprungs seines mit einer anderen Frau verheirateten Vaters. Der Vater von Noahs Vater blieb mit seiner ersten Frau zusammen. Sie hatten schon einen Sohn, der dieselben nervösen Tics zeigte wie später auch Noah! Dieser Halbbruder von Karolas Mann brachte sich in jungen Jahren um.

In die Aufstellung werden nun hineingeholt der Vater von Noahs Vater, dessen erste Frau und der gemeinsame Sohn, der dieselben Symptome hat wie Noah (Noahs Onkel bzw. Halbbruder von Noahs Vater).

Noah strahlte sofort seinen Onkel an, der unter den gleichen nervösen Tics litt wie er. Dem Onkel jedoch geht es sehr schlecht. Es ist offensichtlich, dass sein Selbstmord einen ernsten Hintergrund hat. Noahs Vater wirkt nach wie vor versteinert. Er bewegt sich auf seinen Vater und Halbbruder zu.

Karola blickt währenddessen ängstlich auf ihren Sohn. Noah geht zu seinem Onkel und sagt ihm nach Aufforderung des Therapeuten: »Ich habe dasselbe Leiden wie du.« Der Onkel ist sehr gerührt, dass es tatsächlich jemanden gibt, der ihn auf solch freundliche Weise wahrnimmt. Spontan legt er eine Hand auf den Kopf des Kindes.

Im Weiteren ergibt sich, dass Noah neben seine Mutter will. Karolas Mann hat nicht das geringste Interesse, zu seiner Ehefrau zurückzukommen, doch er stimmt zu, dass das Kind zur Mutter geht.

Wenn ein Elternteil für ein Kind aufstellt, ist es wichtig, dass der Therapeut sieht, wohin die Liebe des Kindes geht. Wenn es in den Familienzweig des abwesenden Partners geht, ist darauf zu achten, dass der anwesende Elternteil nicht in die Versuchung kommt, etwas für den Abwesenden zu tun. Es genügt in der Regel, die Verstrickung anzudeuten. Bei Aufstellungen ist der Vollzug von Lösungen für den abwesenden Ehepartner nicht vertretbar Außerdem ist ein solches Vorgehen dem Partner gegenüber extrem anmaßend. Karola sollte ihrem Mann die überraschenden Bilder der Aufstellung kurz, sachlich und ohne jede Wertung erzählen und abwarten, wie er darauf reagiert.

Ein Kontakt mit Noahs Mutter längere Zeit nach dem Seminar ergab, dass die gröbsten Zuckungen mittlerweile verschwunden sind, ein Rest jedoch geblieben ist. Der Ehemann verschloss sich völlig gegenüber dem, was bei der Aufstellung sichtbar geworden war. Ihn interessieren all diese familiären und seelischen Dinge nicht. In solch einer Situation ist es für die Mutter gut, ihre Liebe zum Mann zu bewahren und gleichzeitig zu wissen, dass das Kind an ihrer Seite einen sicheren Platz hat.

In derartigen Fällen taucht zuweilen die Frage auf: Wie weit trägt meine Liebe noch? Halte ich es aus, dass die Situation so schwierig ist, wie sie ist? Jegliches Einwirken auf den Partner, er solle doch nun endlich Therapie machen oder sich dem Geschehen stellen, bewirkt in der Regel das Gegenteil. Was soll ein Partner tun, wenn er von der Frau wie ein Therapeut oder wie eine Mutter behandelt wird? Um seine Würde und Gleichrangigkeit in der Beziehung nicht zu verlieren, wird er gar nichts tun! Wunder dagegen kann es bewirken, wenn man den anderen in Liebe mit all seinen Problemen so nimmt, wie er oder sie ist. Nur eine solch achtende Liebe ermöglicht es jenem Partner, der Probleme hat, ohne »Gesichtsverlust« den nächsten Schritt zu tun. Allerdings kann es auch geschehen, dass die Zerrüttung in der Ehe oder der Beziehung über lange Zeiträume so zunimmt, dass am Ende für beide nur noch die Trennung eine gute Lösung darstellt.

Tics können auch ganz andere Hintergründe haben, zum Beispiel können sie an traumatische Erlebnisse aus dem eigenen Leben erinnern. Karen Olness berichtet etwa von einem vierzehnjährigen Mädchen, das oft ein heftiges Zittern der Hände zeigte. Als der Behandler sie fragte, warum sie so nervös sei, erzählte sie von dem Freund ihrer Mutter. Dieser hatte sie schon im Alter von acht Jahren immer wieder sexuell belästigt. Sie habe nie mit der Mutter darüber gesprochen. Das Mädchen war wütend auf die Mutter, denn sie wusste, was mit dem Kind passierte, und hatte nichts dagegen unternommen. Als das Mädchen kürzlich zum ersten Mal von einem Jungen nach Hause eingeladen worden war, begann das Zittern in den Händen![32]

Der Hypnotherapeut Bernhard Trenkle zeigte an Beispielen, wie man erfolgreich auf kurzzeittherapeutische Weise Tics behandeln kann. Ein achtjähriger Junge litt an einem Tic im Gesicht und wurde deswegen gehänselt. Der Therapeut sprach mit dem Jungen über die Dinge, die ihm wichtig waren: Weltraumfahrt, Astronomie und ein kleines Teleskop, mit dem man die Sterne beobachten konnte.

Als die Rede auf den Tic kam, konnte der Junge nicht sagen, zu welchen Gelegenheiten er auftrat und wann nicht. So gab ihm der Therapeut einen »Forschungsauftrag«, damit er feststellen konnte, unter welchen Umständen der Tic auftrat und wann nicht. In der darauf folgenden Stunde berichtete der Junge, dass der Tic insbesondere nach häufigem Fernsehen auftrete. Der nächste »Forschungsauftrag« bestand nun darin, herauszufinden, wie lange er fernsehen konnte, bis der Tic auftrat. Der Junge berichtete dann später, bei mehr als drei Stunden Fernsehen trete der Tic immer auf, bei weniger als einer Stunde praktisch nie! Da ihm die Hänseleien seiner Kameraden zuwider waren,

---

[32] Olness/Kohen: *Lehrbuch der Kinderhypnose und -hypnotherapie*, a. a. O., S. 199 f.

schränkte er seinen Fernsehkonsum selbstständig drastisch ein und konnte so sein Problem lösen.[33]

## Albträume

*Anja, sechs Jahre, Albträume*
Anja konnte seit geraumer Zeit keine Nacht schlafen, denn ein böser Drache weckte sie noch vor Mitternacht auf oder ließ sie gar nicht erst einschlafen. Sie erzählte mir mit Händen und Füßen, dass mit dem Drachen nicht zu spaßen sei: Er spucke Feuer, schlage Bäume um, und manchmal brülle er wie ein Löwe. Ziemlich beängstigend ist, dass man dem Drachen nicht zu nahe kommen darf, weil man in seiner Gegenwart immer schwächer wird; man kann sich dann kaum noch wehren.

Anja gibt mir eine Schilderung, was nachts in ihrem Bett passiert: »Ich liege auf meiner linken Körperseite, auf meinem linken Auge. Ich bekomme immer mehr Angst, wenn ich an den Drachen denke. Wenn ich jetzt die Augen aufmachte, dann würden sie mir bestimmt direkt aus dem Gesicht springen.« Nach Mitternacht sei es dann meist nicht mehr so schlimm, denn vor der Gespensterstunde habe selbst der Drache einigen Respekt.

Wer als Therapeut gewohnt ist, mit dem NLP und der Hypnotherapie zu arbeiten, fragt sogleich nach weiteren Möglichkeiten der Einschüchterung des Drachen und vor allem nach Anjas Stärken und Fähigkeiten, die man hier viel versprechend nutzen könnte.

Es zeigt sich, dass Anja ziemlich gut in Computerspielen ist. Außerdem hält sie viel von der Familie der Schlümpfe (Trick-

---

[33] Trenkle: *»Ericksonsche Hypno- und Psychotherapie bei Bettnässen«,* a. a. O., S. 140.

film), und sie ist auch mit einem starken Geparden befreundet, von dem sie ein Bilderbuch besitzt. Donald Duck, Kängurus und Koalabären mag sie ebenfalls.

Der Gepard scheint Anja und dem Therapeuten die besten Voraussetzungen für eine erfolgreiche Drachenbegegnung mitzubringen. Ich bitte Anja, es sich bequem zu machen und an den Geparden zu denken. Während sie sich immer mehr entspannt, versuche ich, die kraftvolle Beziehung zwischen dem Geparden und ihr zu verstärken. Die Verbindung zwischen den beiden ist sehr gut.

»Wir tun jetzt einfach so, als wärst du zu Hause und würdest bald einschlafen. Wir lassen uns überraschen, was passiert«, sagt der Therapeut. Es zeigt sich, dass Anja in der Nähe des Geparden keine Furcht mehr vor dem Drachen hat. »Vielleicht kommt der Drache noch, vielleicht auch nicht, warte es einfach ab!«, werfe ich ein. Tatsächlich erscheint der Drache nach einer Weile. Anja macht jetzt eine ganz erstaunliche Entdeckung: »Jetzt, wo ich neben dem Geparden keine Angst mehr habe, wird der Drache vor mir immer kleiner und kleiner!« Irgendwann wird der Drache so klein wie eine Ameise. Am Ende hat sich der Drache völlig aufgelöst! »Und jetzt?«, frage ich.

»Alles okay«, gibt Anja freudig zur Antwort.

»Und wenn du nun dem Geparden in die Augen schaust, kannst du auf ganz gemütliche Weise müde werden und einschlafen – heute Abend!« Die letzten beiden Worte wurden als Auftrag an Anja besonders betont.

Mit der Mutter war verabredet, dass Anja zwei- oder dreimal wegen ihrer Albträume zu mir kommen solle. Doch diese eine Sitzung hat das Problem dauerhaft und auch vollständig gelöst. Schon in der ersten Nacht nach dieser Sitzung schlief Anja an der Seite ihres Geparden problemlos ein. Nie wieder hat sie der Drache belästigt.

Für Eltern ist es wichtig, die Fähigkeiten und Talente ihres Kindes in solchen Situationen mit einzubeziehen. Indem Eltern auf kreative Weise ihren Kindern lösungsorientierte und bildreiche Geschichten anbieten, reagiert deren Unbewusstes in der Regel positiv darauf.

Gute Erfahrungen lassen sich auch machen, wenn man das von Albträumen geplagte Kind bittet, seinen Traum zu malen. Im nächsten Schritt ist es möglich, das Kind nach möglichen Helfern zu befragen und diese ebenfalls malen zu lassen. Die Kindertherapeuten Joyce Mills und Richard Crowley haben es sich zur Gewohnheit gemacht, die Kinder noch ein drittes Bild anfertigen zu lassen: Wie sieht das Traumbild aus, wenn das Problem gelöst ist? Dieser Schritt setzt weitere wichtige Lösungssuchprozesse in Gang, die die Lösung dann auch dauerhaft sichern sollen, um Rückfälle zu vermeiden. Die im dritten Schritt gemalten Zukunftsbilder kann man im Schlafzimmer des Kindes aufhängen, sodass die gefundenen Lösungen weiterwirken können und das Kind sich bei Bedarf an seine Möglichkeiten zu erinnern vermag.

Allerdings gibt es auch Albträume, denen man auf die hier geschilderte Weise nicht Herr wird. Wiederkehrende Träume von Ermordeten beispielsweise können auf entsprechende schlimme Schicksale in der Familie hinweisen.[34] Hier sind Familienaufstellungen angezeigt.

---

[34] Siehe das Beispiel in meinem Buch: *Was die Seele krank macht und was sie heilt*, a. a. O., S. 239 ff.

# Schwere Belastungen

## Alkohol- und Drogensucht

Nach Bert Hellingers Erfahrung ist Sucht oft die Folge eines Nichtnehmens des Vaters. In Familien von Süchtigen sagt die Mutter den Kindern häufig: »Nehmt nur von mir, denn was vom Vater kommt, taugt nichts.« Da das Kind jedoch beiden Eltern treu ist, rächt es die Herabsetzung des Vaters, indem es viel zu viel von der Mutter nimmt: Es wird süchtig. Bei Alkohol- und vor allem bei der Drogensucht findet man auch oft früh verstorbene Väter. Ähnlich wie bei der Bulimie schlägt Hellinger dem Süchtigen vor, dass er stets, wenn er der Sucht gerade nachgibt, ein Bild des Vaters vor sich hinstellt und sagt: »Bei dir, Papa, schmeckt's mir.« Anschließend soll er die Sucht ausleben, wie er will.

Sicherlich sind dies nicht die einzigen Hintergründe von Sucht. Bei psychosomatischen, aber auch bei anderen Leiden hat es sich bewährt, nach dem Beginn eines Symptoms oder einer Krankheit zu fragen. Eine Alkoholikerin antwortete auf die Frage, wie lange sie alkoholkrank sei: »Fünf Jahre.« Nicht selten findet sich im Jahr des Ausbruchs der Krankheit oder in der Zeit davor Schwerwiegendes, das im Zusammenhang mit der Erkrankung steht.

So war es auch hier: Fünf Jahre zuvor hatte die Frau grob fahrlässig einen Verkehrsunfall verursacht. In dem Auto, mit dem sie zusammenstieß, saß ein Mann, der noch am selben Tage verstarb. Bis heute weiß die Frau nicht den Namen des Unfallopfers und hat auch nie danach gefragt, wo der Mann beerdigt ist, ob er Kinder hatte und wie es in seiner Familie weitergegangen ist. Der Alkohol »verhalf« der Frau, der eigenen Schuld nicht ins Auge blicken zu müssen. Es schien viel einfacher, sein eigenes

Leben mit Alkohohl zu ruinieren! In einem solchen Fall wird die Sucht geheilt, wenn der Therapeut dem Betreffenden hilft, dem Toten und der Schuld seelisch zu begegnen. Auf diese Weise wird die »Ersatzfunktion« des Suchtmittels beendet.

Schwere persönliche Schuld als Auslöser für eine Sucht kommt bei Kindern und Jugendlichen in der Regel nicht infrage. Stattdessen findet man oft die eingangs erwähnten Hintergründe. Im folgenden Fall geht es um den früh verstorbenen Vater, doch auch andere Zusammenhänge werden sichtbar.

### Max, neunzehn Jahre, Alkoholiker

Sibylle hat einen alkoholkranken Sohn, Max, mit dem sie, wie sie sagt, in »Hassliebe« verbunden ist. Der Vater von Max ist früh durch einen Unfall gestorben; Max war damals vier Jahre alt. Sibylle sucht nun Rat in einem Gespräch und will eine Symbolaufstellung machen.

Den inneren Weg zum toten Vater muss der Sohn selbst zurücklegen. Sibylle kann zwar unterstützend sagen: »Ich freue mich, wenn du zu deinem Vater gehst und ihn nimmst. Du hast ihn sehr entbehrt.« Doch wichtig wäre, dass der Sohn selbst therapeutische Schritte unternähme. Dazu ist er jedoch in keiner Weise bereit, denn er ist seiner Mutter treu, die den Vater im Gespräch immer wieder abwertet. Wenn sie den Vater achtet, wird Max viel leichter zu ihm gehen können.

Sibylle sagt: »Weder würde Max allein in eine therapeutische Stunde kommen noch in Begleitung von mir. Er lehnt alles Psychologische ab. Anscheinend«, so sagt Sibylle resignierend, »muss es erst noch schlimmer mit dem Alkohol kommen.« Doch im Falle von Max geht es mehr als »nur« um einen früh verstorbenen Elternteil.

»Ich liebe und ich hasse ihn gleichzeitig!«, fährt es aus Sibylle heraus. Sie erzählt, dass sie es kaum noch mit Max aushält und auch schon mehrfach versucht hat, ihn auf die Straße zu setzen.

Sie will ihn nicht mehr in ihrer Wohnung haben. Als Max einmal in seinem Rausch Randale in der Wohnung machte, rief sie zur Unterstützung sogar die Polizei.

In einer Aufstellung mit Papierscheiben, die hier als erster Schritt in Richtung einer späteren Aufstellung in der Gruppe dienen sollte, kam statt Hass zwischen Mutter und Sohn etwas ganz anderes zum Vorschein: eine tiefe Liebe! Sibylle hatte ihren eigenen Vater fast im selben Alter verloren wie ihr Sohn Max den seinen; sie war damals fünf Jahre alt, als ihr Vater plötzlich an einer Blutvergiftung starb.

In der Symbolaufstellung wollte Sibylle nicht nur zu ihrem toten Vater hin, sondern auch zu einem jüngeren Bruder, der damals mit ihr zusammen an einer Hirnhautentzündung erkrankt war. Während sie die Krankheit überlebt hatte, verstarb der Bruder im Alter von vier Jahren. Auf der Papierscheibe von Max stehend, konnte man eine tiefe Verbundenheit mit Sibylles Vater und vor allem mit dem verstorbenen Bruder der Mutter wahrnehmen. Sibylle fühlte sich schuldig, dass sie damals den Infekt überlebt hatte, während der Bruder starb.

Auf den Papierscheiben konnte Sibylle zwar die Verbindung ihres Sohnes zu seinem Großvater und auch dem Onkel spüren, doch sie selbst sagte: »Für mich sind der Bruder und mein Vater ohne große Bedeutung! Ich spüre da nichts. Die interessieren mich auch gar nicht!« Genau weil sie es nicht spürt, spürt es Max für sie! Sibylle hasst ihren Sohn, weil sie nicht wahrhaben will, dass sein Randalieren und seine Sucht Mittel äußerster Liebe zu ihr sind! Mit »aller Gewalt« will Max seine Mutter im Leben halten. Sie hasst ihn dafür. Sie will seine Liebe nicht wahrhaben.

Max will seine Mutter am Verschwinden hindern. In letzter Konsequenz bedeutet »Gehen« oder auch »Verschwinden«, dass jemand sterben will. Max' einzig guter Platz in der Aufstellung war neben seinem verstorbenen Vater. Sibylle sagte Max: »Ich freue mich, wenn du zu deinem Vater gehst. – Mische dich in meine Liebe zu meinem Bruder und meinem Vater nicht ein!« Sibylle weint, während sie so zu ihrem Sohn spricht und auch ihrem Mann einige wichtige Dinge sagt. Zu Max spricht sie jetzt wie ein kleines Mädchen zu ihrem großen Papa! Es ist offensichtlich, dass Max der »Große« und sie die »Kleine« ist. Max kann ihr jedoch weder den toten Bruder noch den Vater ersetzen, den sie so früh verlor. Was Sibylle von Max erwartet, kann sie nur in ihrer eigenen Familie erhalten. Wenn Kinder für schwache Eltern über lange Zeiträume große Verantwortung übernehmen müssen und die »Großen« spielen, kann dies suchtfördernd sein.[35]

Sibylle war mit dem Anliegen gekommen, etwas für ihren alkoholkranken Sohn zu tun. Das Ergebnis der Sitzung entsprach offensichtlich nicht im Geringsten dem, was sie vermutet hatte. »Ich melde mich wieder«, sagte sie am Ende der Sitzung, doch der Ton ihrer Stimme verriet, dass sie sich selbst nicht glaubte. Sie schämte sich, dass sie gegen ihren Willen hatte weinen müssen und Betroffenheit gezeigt hatte. Doch vielleicht geht auch ein solches schnell verschüttetes Samenkorn eines Tages auf.

Bei jugendlichen Alkoholikern und Drogensüchtigen findet man häufig früh verstorbene oder abwesende Väter. Ein dreizehnjähriger (!) Junge, der schon Alkoholiker war, wuchs ohne seinen Vater auf. Er kannte den Vater nur von Fotos her. Dieser hatte einen schweren Bankraub verübt und war zu zwölf Jahren Haft verurteilt worden, die er auch fast bis zum Ende absaß. Menschen waren bei dem Raub jedoch nicht verletzt worden, zumindest nicht körperlich. Die Mutter hatte vor einiger Zeit aus Sorge

---

[35] Vgl. Diana Drexler: »Familien-Stellen und Suchtverhalten: Gesammelte Erfahrungen«, in Gunthard Weber (Hg.): *Derselbe Wind lässt viele Drachen steigen – Systemische Lösungen im Einklang*, Heidelberg 2001, S. 218.

um ihren süchtigen Jungen bei einem Therapeuten eine Aufstellung in der Gruppe gemacht. In einer Einzelsitzung wollte sie mir das für sie »unglaubliche« Ergebnis berichten. Ihrer Meinung nach mussten bei der Aufstellung »handwerkliche Fehler« gemacht worden sein.

Sofort unterbrach ich die Mutter, denn es ist gut, sich dem Geschehen ganz unbeeinflusst zu stellen. In einer nun durchgeführten Papierscheibenaufstellung kam das Kind völlig in Frieden, als es endlich zu dem abgewerteten Vater hindurfte. Der wichtige Satz des Sohnes zum Vater war: »Ich maße mir keine Urteile über dich an. Für mich bist du mein Vater, und du hast mir sehr gefehlt. Ich komme jetzt.« Da der Sohn bei dieser Aufstellung nicht mit dabei war, bat ich die Mutter, sich ihren Sohn bildlich vorzustellen, wie er zum Vater ging und ihm diese Worte sagte.

Die Mutter war jedoch der Ansicht gewesen, dass der Sohn etwas für den Vater trage und nur deswegen Alkoholiker geworden sei. Diesen angeblichen »handwerklichen Fehler« der Aufstellung in der Gruppe wollte sie nun korrigieren. Umso geschockter war sie, dass sich in der Symbolaufstellung alles genau so darstellte wie damals bei dem anderen Therapeuten in der Gruppe: Der Sohn folgte nämlich für sie einem abgetriebenen Kind, das sie mit einem früheren Freund hatte, mit dem sie während der Ehe fremdgegangen war. Außerdem hatte sie ihrem Mann gegen besseres Wissen stets weisgemacht, dass dieses Kind von ihm sei! Bis heute weiß er die Wahrheit nicht!

Auch in der folgenden Geschichte geht es um einen Vater, der im Gefängnis saß und der nie verfügbar war. Doch dies sind nur Parallelen, die an der Oberfläche auffallen. Bei der drogensüchtigen Celia steht im Zentrum das Mittragenwollen einer Mordschuld und die Solidarität mit der ermordeten Halbschwester.

*Celia, siebzehn Jahre, drogensüchtig*

Celia kommt in Begleitung ihrer Mutter Silvia in ein Seminar. Silvia fürchtet um das Leben ihrer Tochter und konnte sie davon überzeugen, mit ihr zusammen einen Weg aus der lebensbedrohlichen Sucht zu suchen.

Als Silvia mit Celia schwanger war, trennte sie sich vom Vater des Kindes. Celia hatte nur selten Kontakt mit ihm. Der Kontakt war auch deshalb selten, weil der Vater viele Jahre im Gefängnis saß. Er hatte Celias jüngere Halbschwester, die er mit einer anderen Frau gezeugt hatte, als Kleinkind getötet. Nach einer längeren Haft zeugte er mit einer dritten Frau ein weiteres Halbgeschwister Celias, eine Tochter. Der Vater war seit dem Mord stark selbstmordgefährdet.

Von Anfang an war Celia nicht bei der Mutter aufgewachsen, sondern bei ihrer Oma mütterlicherseits. Celias Stellvertreterin fühlt sich von Beginn der Aufstellung an körperlich sehr schwach. Nach der Hereinnahme der ermordeten Halbschwester wird deutlich, dass Celia nur zu ihr will. Aus Liebe will Celia für ihren Vater die Schuld an dem Mord tragen. Die Dynamik des Mordes jedoch bleibt während der ganzen Aufstellung im Dunkeln.

Die einzige Person, die sich um Celia teilnahmsvoll kümmern möchte, ist die Großmutter. Sie leidet unter dem Weggehen der Enkelin. Silvia hingegen nimmt ihre Tochter kaum wahr. Ihr Blick geht ins Leere. Auf die Frage an die auf dem Stuhl sitzende Silvia, worauf sie denn hier schaue, erwähnte sie nichts, das Kraft gehabt hätte. Erst zu einem späteren Zeitpunkt des Seminars, an dem die Tochter nicht mehr mit anwesend ist, lüftet sich dieses Geheimnis. Es betrifft schwer wiegende Dinge, die Celia nichts angehen.

Celia saß auf dem Stuhl und blickte ihre unmittelbar neben ihr sitzende Mutter nicht an. Als sie sah, wie intensiv es ihre Stellvertreterin zu der Ermordeten zog, rief sie aus: »Du kannst die

Aufstellung jetzt beenden! Es stimmt alles!« Der Therapeut hält kurz inne. Ein kurzer Blick auf die Stellvertreter zeigt ihm, dass die Ermordete traurig, aber heftig mit dem Kopf schüttelt. Spontan nehmen sich die Ermordete, Celias Stellvertreterin und auch die jüngste der drei Halbschwestern an der Hand. Schlagartig verändert sich die Energie positiv.

Doch Celia schaut traurig auf ihren Vater. Sie muss noch einmal zu ihm hin. Vor ihm stehend, sagt sie auf Vorschlag des Therapeuten: »Dieses eine Mal noch muss ich ganz zu dir. Ich habe dich als Vater immer vermisst!« Sie weint in den Armen des Vaters. Traurig geht der Blick nun zur Mutter. Silvia wird neben Celias Vater gestellt, worauf sich Celia mit dem Rücken an beide Eltern anlehnt. Sie stellt sich nun vor, dass auf der einen Körperseite die Kraft der Mutter und an der anderen Seite die des Vaters in sie einströmt. Celia atmet kräftig. Auch die »wirkliche« Celia, die auf dem Stuhl sitzt, atmet auf Hinweis des Therapeuten kräftig mit und nimmt dieses Bild mit dem Atmen in sich auf.

Auf den Vater hatte Celia während der Kindheit gänzlich verzichten müssen, und auch von der Mutter war sie im Alltag meist getrennt. Nach diesem Nehmen der Kraft drehte sich Celia um und sagte dem Vater: »Jetzt gehe ich zu meinen Geschwistern.« Auch zu ihrer Mutter sagte sie es. Beide Eltern nickten.

Als sie zu den Halbschwestern zurückkommt, ist sie noch traurig, und doch ist auch ein Lächeln in ihrem Gesicht zu sehen, als sie der Toten in die Augen schaut. Sie sagt ihr nach Aufforderung: »Im Andenken an dich bleibe ich jetzt! In meinem Herzen bleibst du für immer!« In der Geschwisterreihe ist nun Stärke zu spüren. Sie umarmen sich und strahlen. An dieser Stelle wird die Aufstellung beendet.

Celia sitzt weinend auf ihrem Stuhl, sie hat bis zuletzt zugeschaut. Es war zu spüren, dass sie das Lösungsbild besser in ihre Seele aufnehmen konnte, wenn sie aus der Distanz die Bilder in sich aufnahm und nicht ihre eigene Position in der Aufstellung einnahm. Alles andere wäre für Celia in diesem Moment eine Überforderung gewesen. Auch in Celias Gesicht ist jetzt trotz des Weinens auch gleichzeitig ein Lächeln zu sehen.

Nach der Aufstellung geht es Silvia und ihrer Tochter gut. In einer späteren Runde im Seminar fragt Celia nach den Hintergründen des Mordes an der Halbschwester: »Warum hat mein Vater so etwas getan?« Eine solche Frage schiebt jedoch die gefundene Lösung wieder weg und mischt sich ein in die Dinge, die nur den Vater angehen.

In vielen Aufstellungen, in denen es um Mord geht, ist es wichtig, dass sich die Dynamik des Mordes zeigt. In dieser Aufstellung war es anders: Celia darf sich von der Schuld des Vaters und allen damit verbundenen Fragen abwenden und nach vorn schauen.

Celias Mutter Silvia freute sich über das, was sie in der Aufstellung ihrer Tochter miterleben konnte. Nach der Aufstellung konnte man sehen, dass die beiden während des restlichen Seminars viel inniger miteinander umgingen als zuvor.

## Magersucht und Bulimie

Bei Magersucht will das betroffene Kind häufig anstelle des Vaters verschwinden, so auch im folgenden Fall.

*Jennifer, vierzehn Jahre, magersüchtig*
Richards Anliegen war seine magersüchtige Tochter Jennifer und die jüngste Tochter, die mit dem Vater häufig stritt. Im ersten Aufstellungsbild blickte Jennifer in die Ferne. Sie wollte nicht länger in der Familie bleiben. Die jüngste Tochter hingegen war wütend auf Richard.

Beiden Eltern ging es nicht gut. Der Vater (Richard) fühlte sich taub und unwohl auf seinem Platz. Da eine seiner Schwestern bei der Geburt verstarb, wurde sie nun hinzugestellt. Sie stand weit außerhalb und fühlte sich fremd. Nur die Magersüchtige fühlte sofort einen Sog zur Tante und stellte sich neben sie. Dort ging es ihr gut. Sie blickte zum Vater und sagte: »Für dich ist es zu schlimm. Ich gehe zur Tante an deiner Stelle.«

Erst als der Vater diesen Satz auf sich wirken ließ, fiel die Taubheit plötzlich von ihm ab. Energisch sagte er: »Ich will das nicht. Komm zurück!« Die Positionen von Tochter und Vater wurden vertauscht, sodass Richard seiner früh verstorbenen Schwester gegenüberstand. An dieser Stelle nahm Richard seine eigene Rolle in der Aufstellung ein, und sein Stellvertreter setzte sich.

Die Tote gab zu verstehen, dass sie sich gut fühle. Dieser Satz brach den Damm. Richard konnte zum ersten Mal in seinem Leben die tiefe Verbundenheit zu der verstorbenen Schwester spüren. »Zum ersten Mal sehe ich dich«, sagte er zu ihr unter Tränen und fügte spontan hinzu: »Ja, du bist meine Schwester, auch wenn ich dich so lange vergessen hatte.« Dann zeigte er ihr die Ehefrau und seine Kinder, insbesondere Jennifer. Diese hatte auch geweint, als der Vater die Schwester (Tante) umarmte. Die Nichte stellte sich nun vor sie hin, verbeugte sich vor ihr und sagte: »Ich gebe dir die Ehre. Bitte schau freundlich, wenn ich bleibe.« Ähnliches sagte Richard zu ihr.

Nun konnte die Magersüchtige endlich wieder zurück in ihre Geschwisterreihe. Zum ersten Mal sah sie die anderen nicht als Fremde an, sondern bekam Interesse an ihnen. Insbesondere Richards jüngste Tochter freute sich über ihr Zurückkommen. Sie erklärte, warum sie immer so wütend auf Richard gewesen war: »Ich habe immer gefühlt, dass Papa etwas tun kann und es nicht macht.« Im Lösungsbild standen die Kinder an Mutters Seite, neben ihr folgte Richard mit seiner früh verstorbenen Schwester. In diesem Bild ging es allen gut.[36]

---

[36] Diese Aufstellung wurde in überarbeiteter Form entnommen aus meinem Buch: *Wenn Dornröschen nicht mehr aufwacht*, a. a. O., S. 184 ff.

Zwar will das magersüchtige Kind meist für den Vater gehen, zuweilen ist es aber auch wie im folgenden Beispiel für die Mutter.

*Paola, achtzehn Jahre, magersüchtig*
Elvira und Werner nehmen als Paar an einem Seminar teil. Sie haben drei Kinder, wobei das jüngste, Paola, seit längerem magersüchtig ist. Aus dem Vorgespräch ergibt sich, dass Werner bereits einmal verlobt war und in dieser Beziehung ein Kind abgetrieben wurde. Beide haben schon Bücher über Familienaufstellungen gelesen und »wissen«, dass das magersüchtige Kind meist für den Vater gehen will. Elvira erzählt noch, dass Paola darunter leidet, dass sie bei den kleinsten Anlässen schnell und heftig errötet. »Das hat sie von mir«, sagt Elvira, »bei mir ist das auch so.«
Schon im ersten Aufstellungsbild zeigt sich, dass die Vermutungen der Eltern über den Hintergrund der Magersucht nicht stimmen. Auf das Wissen aus Büchern allein darf man sich bei Familienaufstellungen nie verlassen. Die Kinder haben sich auf eine eindeutige Weise um die Mutter im Kreis herum gruppiert, als wollten sie mit allem Einsatz verhindern, dass sie sie verlässt. Die größte Bereitschaft unter den Kindern, für die Mutter zu gehen, zeigt Paola.
Elvira erzählt nun aus ihrer Familie, dass ihr Vater während seiner Kriegsgefangenschaft im Ausland eine Tochter mit einer einheimischen Frau gezeugt hat. Diese Tatsache wird in der Familie schamhaft verschwiegen. Der Vater kam aus dem Krieg zurück und zeugte dann mit der Mutter weitere Kinder. Was mit seiner Freundin und dem Kind im Ausland geschah, weiß niemand.
Dazu muss man wissen, dass in vielen Ländern einheimische Frauen, die sich mit Deutschen einließen, nicht nur öffentlich gebrandmarkt, sondern auch ausgestoßen und sogar misshan-

delt wurden. So sind zum Beispiel in Norwegen manchmal jene Mütter, die von Deutschen ein Kind bekamen, gefoltert worden. Auch ihre Kinder wurden zum Teil gefoltert oder gar ermordet. In vielen Fällen wurden die Kinder auch gewaltsam ihren Müttern entrissen und in Waisenhäuser gesteckt, damit man die »nationale Schande« vor der Öffentlichkeit verstecken konnte.

Es wird nun klar, woher das heftige Erröten von Paola und ihrer Mutter kommt: Sie fühlen die Scham der ausländischen Freundin von Elviras Vater, und sie erröten für sie und den Vater bzw. Großvater. Er ist derjenige, der erröten müsste, doch er hat diesen Teil seines Lebens augenscheinlich von sich abgespalten. Hier geht es aber um mehr als nur um Scham. Von einem Feind ein Kind zu bekommen, konnte die eigene Vernichtung zur Folge haben. Um der öffentlichen Schande zu entgehen, wurden die Kinder oft schon im Vorfeld abgetrieben oder zuweilen sogar unmittelbar nach der Geburt von den Müttern umgebracht.

In die Aufstellung hineingenommen wurden dann Elviras Eltern, die Freundin des Vaters und deren Tochter, Paolas ältere Halbschwester. Das nun Folgende lief völlig stumm ab, weil die Stellvertreter nur ihre körperlichen Impulse zuließen. Die Halbschwester von Elvira kann sich kaum auf den Beinen halten. Das Kind dreht den Rumpf und reckt seine Arme auf eine Weise, wie es nur stark behinderte Kinder tun. Ist die Halbschwester tatsächlich behindert – möglicherweise als Folge von fehlgeschlagenen Abtreibungsversuchen? Ist sie tot? Weder der Vater noch die Freundin wollen zu dem Kind hin, doch gehen Elvira und Paola zu ihr. Sie stellen sich neben sie.

Die fremdländische Mutter mag vor lauter Scham und Schuldgefühlen nicht hinschauen und sehen, was geschieht. Sie kann sich dem Kind nicht zuwenden. Auch Elviras Vater steht wie steif gefroren. Endlich kommt aber Bewegung in ihn: Er gibt sich einen kleinen Ruck und geht einen halben Schritt auf sein Kind zu, dann bekommt er plötzlich Angst und weicht wieder zurück. In dem Moment, wo sein Blick dem Blick des Kindes begegnet, bricht das Kind zusammen und fällt auf den Boden. Elvira und Paola legen sich dazu.

Es wird deutlich, wie tief die Magersüchtige in Liebe mit der Halbschwester ihrer Mutter verbunden ist. Sie schaut nur sie an. Doch Elvira drängt die Tochter sanft beiseite. Elvira umarmt ihre Schwester und lässt ihren Tränen freien Lauf. Das Kind ist tief gerührt. Die drei halten sich lange, dann steht Elvira zusammen mit ihrer Tochter und Halbschwester auf und geht zurück zu ihren anderen Kindern. Die Halbschwester schaut jetzt abwartend auf ihre Eltern, die immer noch keiner Reaktion fähig sind.

Im weiteren Verlauf dieser lange währenden Aufstellung wurde zusätzlich deutlich, dass Elviras Mann Werner als Mann und Vater der Kinder nicht ganz präsent ist. Er ist aufs Engste mit seiner früheren Verlobten und dem mit ihr abgetriebenen Kind verbunden. Im letzten Bild der Aufstellung steht Elvira zusammen mit ihrer Halbschwester vor den Kindern. Allen Kindern geht es gut, auch Paola. Elvira sagt ihrem Mann, der bei der früheren Verlobten und dem abgetriebenen Kind steht: »Ich warte auf dich!« Doch Werner wehrt ab: »Ich komme nicht zurück! Lass mich hier.«

Werner und Elvira waren bis zum Schluss auf ihren Stühlen geblieben. Elvira weinte sowohl vor Trauer wie auch vor Freude, während Werner teilnahmslos auf den Boden schaute. Auf die Frage, was er zu alldem meine, schüttelte er nur den Kopf.

Für Elvira geht es nun darum, Näheres über das Schicksal ihrer Halbschwester in Erfahrung zu bringen. Erst kurz vor dem Seminar hatte sie überhaupt von ihr erfahren! Auf alle Fälle ist es für Paola und die anderen Kindern wichtig, von Elvira über die Tante informiert zu werden. Ihrer Tochter Paola kann sie nun im

Herzen sagen: »Die Mama bleibt, du, Paola, darfst auch bleiben!«
Elviras und Werners Ehe ist allerdings gefährdet.

Bei der Bulimie handelt es sich um Essanfälle, die mit anschlie-
ßendem Erbrechen verbunden sind. In den Familien von Bulimi-
kern vermittelt die Mutter den Kindern in der Regel: Was vom
Papa kommt, taugt nichts, ihr dürft nur von mir nehmen! Nor-
malerweise gehorcht das Kind der Mutter und nimmt von ihr. Da
Kinder aber immer beide Eltern lieben, ist das Kind auch dem
Vater treu: Aus Treue zur Mutter isst es, doch aus Rache darüber,
dass es nur von ihr nehmen darf, isst es zu viel und bricht das
Ganze dann heraus. Das ist die Solidarität mit dem Vater: der
Ausgleich zwischen den Eltern.
Bert Hellingers oft erfolgreich eingesetzte Anweisung ist bei
Bulimie ähnlich wie bei Alkoholismus und lautet: Kauf dir alles
ein, was dein Magen begehrt, breite es auf dem Tisch aus und
schaue es mit Vorfreude an. Dann nimm einen Teelöffel und stell
dir vor, du sitzt auf Papas Schoß und beginnst zu essen. Doch
vor jedem Bissen schaut die Bulimikerin rüber zum Papa und
sagt ihm: »Papa, bei dir schmeckt's mir!« Schon allein das Hören
dieser Anweisung, geschweige denn die Durchführung, hat viele
Bulimiker vollständig geheilt!
Allerdings gibt es bei der Bulimie noch einen anderen Hintergrund, wenn sie während oder nach einer Magersucht eintritt.
Magersucht, so wie oben geschildert, bedeutet: »Lieber gehe
ich als du!« Wenn nun das Kind wieder isst, bedeutet dies: »Ich
bleibe!« Indem es die Nahrung dann erbricht, sagt es: »Ich ver-
schwinde!« Auf diese Weise pendelt das Kind zwischen Leben
und Tod hin und her. Die heilende Dynamik lautet hier, dass das
Kind, bevor es brechen will, jenem Elternteil, für den es verschwinden will, sagt: »Ich bleibe.«

# Hyperaktive Kinder

Hyperaktive Kinder halten es nicht nur mit sich selbst schlecht aus, sondern sie wirken auch intensiv auf ihre Umgebung ein: Manche werfen schon im Kindergarten mit Gegenständen um sich und verletzen gar andere Kinder. Der »Zappelphilipp« in der Schule wirkt auf die Mitschüler und die Lehrer störend und macht sich schnell unbeliebt. Zu Hause bringt er Geschwister und Eltern wegen seiner Unruhe und seiner mangelnden Konzentrationsfähigkeit zur Verzweiflung. Das typische hyperkinetische Kind ist meist ein Junge, redet oft dazwischen, kann nicht richtig zuhören, hält sich nicht an Regeln, handelt oft, ohne nachzudenken, und ist stets schnell frustriert.

Wen wundert es da, dass solche Kinder mit Psychopharmaka (Ritalin und Ähnlichem) schnell ruhig gestellt werden. In der Tat stören die Kinder anschließend nicht mehr so viel, doch Untersuchungen haben gezeigt, dass gerade der kindliche Körper im Gegensatz zum Körper des Erwachsenen Psychopharmaka besonders schlecht verarbeitet und bei deren Verabreichung Schädigungen innerer Organe programmiert sind.

Selbstverständlich gibt es Fälle, in denen man an der Verschreibung von Psychopharmaka für Kinder nicht vorbeikommt. Auch Kinder, die eher still und verträumt sind und »nur« unter mangelnder Aufmerksamkeit leiden, erhalten manchmal Ritalin. Ein verantwortungsbewusster Arzt wird die richtige Entscheidung treffen. Manchmal gehen aber auch die Beteiligten gedankenlos mit diesem wichtigen Thema um.

Ein abschreckendes Beispiel, in dem es nun wirklich nicht um »Hyperaktivität« ging, ist das folgende: Eine Mutter konnte nachts nicht mehr »durchschlafen«, weil ihr Baby (!) viel schrie. Sie ging zum Kinderarzt, weil sie für ihr Kind ein Schlafmittel oder ein Psychopharmakon haben wollte. Der Kinderarzt erhob Einspruch und wollte der Mutter klar machen, dass Babys aus den unterschiedlichsten Gründen nachts schreien können und dass man deswegen nicht unbedingt solche tief greifenden Medikamente verschreiben müsse. Außerdem müssen Babys den Tag-Nacht-Rhythmus erst noch lernen.

Die Mutter beharrte jedoch auf ihrem Wunsch, und der Arzt gab nach, wenn auch widerwillig. Das Mittel wirkte aber nicht, und so trieb die Mutter den Arzt beim zweiten Besuch an, ein anderes Mittel zu verschreiben. Insgesamt wurden dem Baby drei (!) verschiedene Psychopharmaka und Schlafmittel verschrieben. Die Frage, was dies alles für einen noch so kleinen und verletzlichen Organismus bedeutet, hat sich hier niemand gestellt.

Für die Hyperaktivität sind in den letzten Jahren und Jahrzehnten die unterschiedlichsten Ursachen im Gespräch gewesen: Allergien auf bestimmte Lebensmittel oder Zusatzstoffe, zum Beispiel auf Phosphate oder Amalgam, zu viele Süßigkeiten, Mobilfunkantennen, Haustelefone mit DECT-Standard, durch Rutengeher aufgedeckte Störfelder in der häuslichen Wohnung, zum Beispiel Wasseradern, elektrische Geräte im Kinderzimmer (Radios, Fernseher, Computer, die nachts auf »Stand-by« stehen und Elektrosmog bewirken), Gifteinwirkungen durch die Umwelt, beispielsweise durch Emissionen eines Industriebetriebs.

Diese Liste ist bei weitem nicht vollständig, doch sie vermittelt einen Eindruck, wie weitläufig dieses Feld ist und wie wenig verlässliche Orientierung für Eltern besteht. Ist das Kind nun »überaktiv«, »hyperaktiv«, hat es »ADS«, »HKS«, oder ist es doch ein an »MCD«[37] leidendes Kind? Trifft dies alles nicht zu, sondern ist das Kind nur ein bisschen »zu nervös«? Die Übergänge der einzelnen Bezeichnungen sind zuweilen fließend, und die von

[37] ADS = Aufmerksamkeits-Defizit-Syndrom, HKS = hyperkinetisches Syndrom, MCD = Minimal Cerebral Disease.

Ärzten gegebenen Definitionen helfen den Eltern auch nicht immer weiter.

Bei ADS wird oft unterschieden zwischen ADS ohne Hyperaktivität und ADS mit Hyperaktivität. Als Ursache von ADS wird eine Stoffwechselstörung angegeben, die die Reizübermittlung im Frontalhirnbereich beeinträchtigt. Hier werden unter anderem genetische Faktoren diskutiert. Medikamentös verabreicht man auch D-L-Amphetamin und Pemolin.

Die Diskussion um klar abgegrenzte Definitionen sei den Kinderärzten und anderen Fachleuten überlassen. Nicht vergessen werden jedoch sollte die psychische Sichtweise. Lässt sich in der Familie von hyperaktiven Kindern Gemeinsames finden? Die Therapeutin Sieglinde Schneider[38] beispielsweise hat festgestellt, dass hyperaktive Kinder ihre Eltern in Atem halten, als ob sie damit sagen wollten: »Wenn du dich auf mich konzentrierst, kannst du Mama (oder Papa) nicht mehr verlassen.« In der Tat lässt sich oft feststellen, dass in den Familien von hyperaktiven Kindern einer der beiden Eltern mit dem Gedanken spielt, die Ehe zu verlassen.

Des Weiteren sind meiner Beobachtung nach bei schweren Fällen von Hyperaktivität die Kinder oft mit Toten identifiziert. Die Therapeutin Jirina Prekop bringt das Beispiel eines Jungen, der mit einem tot geborenen Geschwister identifiziert war; er trug sogar dessen Vornamen: Raphael. Auf diese Weise hatte der erste Raphael keine Chance mehr, in der Familie einen Platz zu erhalten, denn der spätere hyperaktive Raphael nahm ihn ein.

Jirina Prekop warnt jedoch davor, die Hyperaktivität auf Systemisches zu reduzieren:

*Am häufigsten handelt es sich um eine ungenügende Formung des noch unreifen Bewegungssystems des Kleinkindes. Norma-*

---

[38] Sieglinde Schneider: »Was Kinder brauchen«, in Gómez Pedra: *Kindliche Not und kindliche Liebe,* a. a. O., S. 155.

*lerweise geschieht eine solche Formung schon im Bauch der Mutter, später in einem Tragetuch, indem die noch ungezielten Bewegungen des Babys wohltuend gehemmt und durch rhythmische Bewegungen der Mutter bzw. der Wiege oder Hängematte harmonisiert und koordiniert werden.*

Bei älteren Säuglingen empfiehlt Prekop einen Laufstall oder eine abgegrenzte Spielecke, um die überschüssige Bewegung zu hemmen. Erfährt ein Kleinkind »mangelhafte Unterstützung, seine Konzentration und Aufmerksamkeit zu entwickeln und Phasen der Aktivität und des Ruhens zu erleben, wird es durch ungeordnete Reizangebote überfordert«.[39]

Diese problematischen Erfahrungen des Kindes können sich nach Jirina Prekop in Form von zerebralen Fehlfunktionen in sein Gehirn einprägen. Solche Fehlfunktionen können zuweilen aber auch vorgeburtlich angelegt sein, oder es können Angstzustände der Mutter auf das Kind übertragen werden. Aus Sicht der Familienaufstellungen hat Letzteres oft mit Verstrickungen der Mutter mit ihrem Familiensystem zu tun.

Trotz Prekops Hinweisen auf die frühe Bewegungsförderung bei Kindern ist meiner Erfahrung nach der Blick auf die systemischen Zusammenhänge wichtig. Nicht selten sind stark hyperaktive Kinder nicht nur in allgemeiner Hinsicht mit Toten verbunden, sondern es handelt sich des Öfteren um solche Tote, die einen besonderen Tod starben: Angehörige, die durch einen Unfall oder auf andere gewaltsame Weise aus dem Leben schieden.

In einem Fall war der hyperaktive Junge mit dem im sechsten Monat der Schwangerschaft absichtlich getöteten Kind der Großmutter identifiziert. Die Mutter des Jungen sah in ihrer Mutter wegen dieser Kindstötung stets eine Mörderin. In der Aufstellung wirkte die Tötung in der Tat nicht wie eine Abtreibung, sondern wie ein Mord. Indem die Frau sich als Richterin

---

[39] Prekop/Hellinger: *Wenn ihr wüßtet, wie ich euch liebe*, a. a. O., S. 229 ff.

ihrer Mutter fühlte, statt sich mit Achtung zurückzuziehen, verband sich ihr Sohn mit dieser Schuld seiner Großmutter.

In einem anderen Fall ging es um einen hyperaktiven Jungen, der extrem aggressiv war. Im Gespräch erzählte die Mutter, dass der Sohn aus ihrer ersten Ehe stammte. Der Vater des Kindes war gewalttätig und hatte sich früh umgebracht. Ebenfalls umgebracht hatte sich der Vaters dieses Mannes. In wieder einem anderen Fall war der hyperaktive Sohn identifiziert mit dem ersten Freund seiner Mutter, der Selbstmord verübte, indem er sich mit einer Waffe in den Kopf schoss.

*Fred, vierzehn Jahre, hyperaktiv*

Birgit und Manfred kamen in einen Kurs, weil beide ihrem vierzehnjährigen hyperaktiven Sohn Fred helfen wollten. Da man überhaupt nicht mehr mit ihm zurechtkam, war geplant, ihn in einem Internat unterzubringen. In der Aufstellung zeigte sich, dass der Sohn verbunden war mit dem Vater mütterlicherseits, der bei einem Unfall mit landwirtschaftlichen Geräten qualvoll starb.

Indem Birgit und ihre Mutter den Großvater ehrten, ging es dem Kind in der Aufstellung sogleich besser. Im Lösungsbild musste Fred an die Seite von Manfred, wo er vor dem Unfallgeschehen aus der Familie der Mutter geschützt war. Auf diese Weise war er vor der Versuchung sicher, anstelle der Mutter zu dem toten Großvater zu gehen. Die Mutter sagte ihrem Mann in der Aufstellung: »Bei dir ist er sicher«, worauf Fred an die Seite seines Vaters ging.

Ein Jahr später kamen Manfred und Birgit in die Praxis und erzählten, was nach dem Seminar geschehen war. Als die beiden nach Hause kamen, strahlte Fred seine Eltern an. »Dabei strahlt er uns sonst nie an«, sagte Manfred, »der Kleine war völlig verwandelt.« In den nächsten vier Wochen war von der Hyperaktivität nicht mehr die geringste Spur zu entdecken. Fred verhielt sich so, als sei er nie hyperaktiv gewesen. Doch dann fiel er langsam wieder in sein früheres Verhalten zurück. Die Eltern wollten nun wissen, warum die Lösung nicht länger vorgehalten hatte.

Als Birgit mithilfe der bunten Papierscheiben, die ich in der Praxis verwende, die Familienmitglieder auf dem Boden aufstellte, wurde schnell klar, was des Rätsels Lösung war: Birgit stellte den Sohn neben sich statt neben den Vater. Sie erzählte, dass sie damals tatsächlich den Sohn an Manfred übergeben, doch dass sich »das Ganze irgendwann wieder rückentwickelt hatte«.

In der Tat geschieht es nicht selten, dass jemand für eine gewisse Zeit in die Lösung geht und dann aus Solidarität mit den Familienmitgliedern, die gelitten haben, wieder umkehrt: Er erlaubt sich nicht, frei vom Leid zu leben, weil er sich sonst vor den Früheren als »schuldig« empfindet. So war es auch hier: Weder hatte Birgit dem Sohn dauerhaft die Erlaubnis gegeben, sich an Manfreds Seite zu stellen, noch traute sie sich im Angesicht des tödlichen Unfalls des Großvaters und des Leids ihrer Mutter, ja zu ihrem Leben zu sagen.

In solchen Situationen ist es ratsam, die schon gemachten therapeutischen Schritte *nicht* zu wiederholen. Es wäre eine Entwertung von Birgit! Hinter einer solchen Wiederholung steckt nämlich der falsche Glaube, dass man das Richtige nur oft genug tun müsse, bis es wirke. Das Gegenteil ist der Fall: Wenn man dasselbe wiederholt, verliert es an Kraft, und die Lösung wird noch unwahrscheinlicher.

Somit beließ es der Therapeut beim Aufgezeigten. Wenn allerdings zwischenzeitlich wichtige neue Informationen über das Familiensystem hinzugekommen sind oder ein längerer Zeitraum seit der Familienaufstellung verstrichen ist, kann eine neue Aufstellung sinnvoll sein.

Was häufige Aufstellungen für die Seele bedeuten, darf nicht unterschätzt werden. Auch wenn wir damit vom eigentlichen Thema kurz abkommen, soll folgendes Beispiel das Gesagte verdeutlichen: Ein Mann meldete sich in einem Seminar zur Aufstellung. Auf meine Frage, was sein Anliegen sei, sprach er über verschiedene berufliche und private Anliegen. Doch es ergab sich kein roter Faden in seiner Fragestellung. Außerdem begann er immer mehr zu zittern.

Auf die Frage, ob er schon einmal – und wenn ja, wie oft – in anderen Gruppen aufgestellt habe, antwortete er: »Ich habe dreimal innerhalb der letzten zehn Monate aufgestellt, es kann aber auch fünfmal gewesen sein. Was ich genau aufgestellt habe, weiß ich jetzt auch nicht mehr.« Wenn jemand Familienaufstellungen missbraucht, um seinen Willen durchzusetzen, entzieht sich die Seele. Als der Therapeut sagte, dass er es ablehne, in diesem Fall eine weitere Aufstellung durchzuführen, nahm das Zittern sofort ab!

Oft besteht bei einigen Seminarteilnehmern auch das Missverständnis, der Sinn des Seminars sei die eigene Aufstellung. Dies ist jedoch keineswegs so. Das Entscheidende ist, eine neue Sicht des menschlichen Lebens zu erfahren. Wer als Stellvertreter oder auch auf dem Stuhl sitzend an Aufstellungen beteiligt ist, kann erfahren, dass das menschliche Leiden im Kern untrennbar mit einer das bewusste Denken weit übersteigenden Liebe verbunden ist. So geschieht es immer wieder, dass Teilnehmer auch ohne den Therapeuten Lösungen finden, indem sie eigenverantwortlich mit dem Seminargeschehen umgehen. Auch dies soll ein Beispiel anschaulich machen.

Eine intensive Aufstellung eines Mannes, Gregor, wurde beendet, als die Lösung gefunden worden war. Der Therapeut spürte deutlich, dass Gregor noch seinem Vater Reue zeigen musste. Die Kraft in der Aufstellung war jedoch an einem Höhepunkt angekommen; alles Weitere hätte der Lösung Kraft entzogen, und so war es richtig, die Aufstellung zu beenden. Der Therapeut nahm sich vor, Gregor am Ende des Seminars noch einige Hinweise den Vater betreffend zu geben und vielleicht noch eine kleine Übung mit ihm zu machen. Doch Gregor sollte mir zuvorkommen!

Als es schließlich zur Schlussrunde kam, meldete sich Gregor als Erster zu Wort. Er berichtete, dass es ihm seit der Aufstellung gut gehe. Nach einem besonderen Erlebnis gehe es ihm jetzt sogar noch etwas besser. Im Laufe des Seminars sei eine Aufstellung gewesen, bei der ein Mann in bewegenden Sätzen seinem Vater Reue darüber zeigte, dass er ihn zuvor verachtet hatte. Auf dem Stuhl sitzend hatte Gregor mit jenem anderen Teilnehmer mitgesprochen und sich innerlich dabei seinen eigenen Vater vorgestellt. Gregor erzählte, dass es für ihn genauso gewesen war, als hätte er selber aufgestellt. Dann sagte er noch: »Das hat mir noch gefehlt! Ich habe es mir einfach geholt.«

Doch kommen wir jetzt wieder zur Hyperaktivität zurück. Ein weiteres Beispiel über gewaltsame Todesumstände im Familiensystem hyperaktiver Kinder ist die Geschichte von Jonas.

*Jonas, dreizehn Jahre, hyperaktiv*
Maria und Karl kommen in die Praxis, weil sie sich Sorgen um ihren Sohn Jonas machen, der ein Einzelkind ist. Insbesondere die ständige Einnahme der vom Arzt verschriebenen Psychopharmaka finden sie bedenklich. In unserem Dreiergespräch ergreift vor allem Maria die Initiative. Wenn ich eine Frage stelle, ist sie es, die antwortet. Karl macht den Eindruck, als ob ihn das alles nichts angehe.

In einer Aufstellung mit Papierscheiben, die ich die beiden für die Familienmitglieder auf den Boden legen lasse, ergibt sich folgendes Bild: Sowohl der Sohn als auch Maria leiden für Karl. Ebenso in der Art, wie wir zu dem Ergebnis kommen, bestätigt sich dieses Bild: Während Maria auf den Papierscheiben deutliche Körperempfindungen hat, sagt Karl stets: »Ich fühle hier auf diesen Scheiben nichts.« Er scheint verwundert, dass zwei erwachsene Menschen (Ehefrau und Therapeut) auf bunten Papierscheiben so deutliche Wahrnehmungen machen können. Ihm scheinen all diese Dinge verdächtig.

Auf Befragen stellt sich heraus, dass Karl ebenfalls ein Einzelkind ist. Sein Vater starb als Soldat im Krieg, als er zweieinhalb Jahre alt war. Karl wuchs dann bei der Mutter auf. Über den Vater wurde nicht geredet. Auf die Frage, ob Karl seinen Vater als Kind vermisst habe, schüttelt Karl den Kopf. Er findet, dass alles seinen guten Gang gegangen ist. Doch die Art, wie er es sagt, und sein ganzer Körperausdruck zeigen, dass er wie eingefroren wirkt und sich nicht erlaubt, Gefühle zu haben. Stattdessen fühlen Sohn und Ehefrau für ihn. Sie spüren seinen Schmerz, keinen Vater gehabt zu haben!

Mit Tränen und in großer Erregung sagt Maria ihrem Mann, als sie auf ihrer eigenen Papierscheibe steht und ihn anblickt: »Ich lasse diese Schmerzen jetzt ganz bei dir. Es ist nicht mein Vater, sondern dein Vater.« Karl blieb nach wie vor völlig ungerührt. Auch mit dem Satz »Jonas muss an meine Seite, dort ist er sicher«, den seine Frau an ihn richtete, konnte er nichts anfangen.

Im Gespräch wurde darauf hingewiesen, dass eine Arbeit mit Symbolen eine Aufstellung in der Gruppe nicht vollwertig ersetzen kann. Für Jonas wäre es gut, wenn die Eltern in einer Gruppe nochmals aufstellten. Einige Monate später kamen Maria und Karl tatsächlich in eine Gruppe. Wie sich nun herausstellte, waren mittlerweile noch einige neue Informationen bekannt geworden. Entscheidend für das Kommende war jedoch, dass Karl sich dem Geschehen im Seminar nicht entziehen konnte, wie er es noch im Dreiergespräch vermocht hatte. Dies ist einer der großen Vorteile der Gruppenaufstellung gegenüber der Symbolaufstellung.

Noch während der ersten Aufstellungen des ersten Seminartages gelang es ihm allerdings, sich der menschlichen Tiefe der Aufstellungen zu entziehen: Er hatte ständig eine Miene, die zeigte, dass nichts an ihn herankommen konnte. Doch bei der »Runde« zu Beginn des zweiten Tages zeigte sein Gesicht zum ersten Mal etwas Weiches. Durch die Erlebnisse des ersten Tages war ihm klar geworden, dass tatsächlich Menschen für andere Familienmitglieder in Liebe Schweres tragen möchten. Karl sagte: »Am liebsten würde ich weglaufen, mich all dem nicht stellen, aber nach dem, was ich hier erlebe, gibt es jetzt kein Zurück mehr. Ich werde heute aufstellen.«

Bert Hellinger hat wie gesagt immer wieder darauf hingewiesen, dass das Wichtige an solchen Seminaren nicht das eigene Aufstellen ist. Entscheidend ist, in der Erfahrung mit anderen Menschen die Sicht der Seele kennen zu lernen. Wer sich darauf einlässt, findet oft auch Lösungen ohne den Therapeuten. Recht bald meldete sich Karl zu einer Aufstellung. Wie er erzählte, gab es jetzt noch neue Informationen: Zwei Brüder von Karls Vater waren ebenfalls jung als Soldaten gestorben.

Als in der Aufstellung sein Stellvertreter dem verstorbenen Vater gegenüberstand, geschah zunächst nichts. Der Stellvertreter zeigte genau das eingefrorene Gesicht, das für Karl so bezeichnend war. Nachdem der Therapeut ihn aufgefordert hatte, zum Vater zu sagen: »Ich war zweieinhalb Jahre alt, als du im Krieg gestorben bist«, konnte die Trauer ihren Weg finden. Karl saß auf dem Stuhl und schaute bewegt zu. Als er jetzt für den Stellvertreter an den eigenen Platz kam, konnte er den Schmerz und die Trauer zeigen, die er ein ganzes Leben lang ignoriert hatte. Auch zu den beiden Onkeln konnte er in Liebe und Achtung hingehen und ihnen seinen Sohn Jonas zeigen. Die nun folgenden weiteren Lösungsschritte, die in der Aufstellung mit Symbolen keine Chance hatten, konnten jetzt vollzogen werden.

Jonas konnte einen guten Platz neben der Mutter finden, von wo aus er einen guten Kontakt zum Vater hatte.

Hyperaktive Jungen haben zuweilen auch etwas Weibliches in ihrer Seele, das sie motorisch unruhig macht, wie das Beispiel von Valentin zeigt.

### Valentin, zwölf Jahre, hyperaktiv mit Todessehnsucht

Valentin ist zwölf Jahre alt und hyperaktiv. Schon im Kindergarten lief er ständig über alle Tische und Stühle hinweg. Als er eingeschult wurde, hatte fast jeder Lehrer Valentins Eltern zum Gespräch eingeladen, weil er ein ständiger Störenfried war und wegen seiner Unruhe und Aggression auffiel.

Barbara, Valentins Mutter, ist sehr an alternativen Heilmethoden interessiert und hat vieles mit ihrem Sohn ausprobiert, nachdem sie nicht länger mit anschauen konnte, wie ihr Sohn mit verschreibungspflichtigen Psychopharmaka ruhig gestellt wurde. Tatsächlich haben eine homöopathische Behandlung und mehrere andere alternative Heilverfahren Valentin viel ruhiger gemacht, sodass er nicht mehr auf Psychopharmaka angewiesen ist.

Doch dann geschah etwas, das die Eltern sehr nachdenklich machte: Immer häufiger lamentierte der Junge: »Ich bin zu nichts nutze. Was soll ich auf der Welt?« Und einmal kam er zerknirscht zu seiner Mutter und erzählte, dass er versucht hatte, sich vom vierten Stock des Hauses aus dem Fenster zu stürzen: »Doch selbst dazu bin ich unfähig und zu feige. Ich bin ein totaler Versager!«

In der Familienaufstellung, an der beide Eltern teilnahmen, stellen sowohl Barbara als auch ihr Mann das zweitgeborene Kind (Valentin) vor die Mutter (Barbara), während die Tochter Inge neben dem Vater steht.

Dem Stellvertreter von Valentin ist schnell unwohl. Er steht

Barbara im Weg, denn sie will weg aus der Familie. Auf Nachfrage ergibt sich, dass Barbaras Mutter drei Geschwister früh durch den Tod verlor und dass Barbara außerdem noch eine Schwester hat, die als Fehlgeburt im vierten Monat abging. Nachdem diese vier Verwandten in die Aufstellung gekommen sind, stabilisiert sich Valentin schnell. Er hat eine starke Verbindung zu den Toten, insbesondere zu Barbaras Schwester. Valentins Dynamik lautet: »Lieber gehe ich zu den Toten als du, Mama!«

Barbara weint, als sie sieht, was passiert. Alle anschließenden Versuche einer Lösung scheitern, denn Barbara ist nicht bereit, im Angesicht der Toten, insbesondere im Angesicht ihrer so früh gestorbenen Schwester, ihr eigenes Leben zu nehmen; lieber will sie leiden. Auf die Frage, ob sie etwas für den Sohn tun möchte, antwortet sie: »Natürlich.« Anschließend bittet sie Valentin, er solle sich von den Toten wegbewegen und sich stattdessen neben den Vater stellen. Der Vater freute sich, als der Sohn sich neben ihn stellte. Hier ging es Valentin gut.

Erwähnenswert ist in diesem Fall die Identifizierung des Jungen mit einer Frau, Barbaras toter Schwester. Eine solch gegengeschlechtliche Identifizierung kann einen Jungen in der Geschlechtsidentität verwirren und eine starke innere Unruhe bewirken.

## Geistige oder körperliche Behinderung

Aufstellungen von behinderten Kindern zeigen immer wieder, dass das Kind mit seinem Schicksal im Frieden wäre, wenn es doch endlich die Eltern auch wären. Nicht wenigen Eltern fällt es jedoch schwer, ihr Kind auch mit einer Behinderung ganz als ihr Kind zu nehmen.

*Joachim, neun Jahre, behindert mit einer visuellen Wahrneh-mungsstörung*

Wolfgang und Karin haben vier Söhne. Ihr dritter Sohn leidet unter einer seltenen Wahrnehmungsstörung: Sein Gehirn ist nicht in der Lage, die Seheindrücke der Augen wirklichkeitsentsprechend zu verarbeiten. Mit seinem Bewusstsein kann Joachim manches, was er sieht, nicht auf Anhieb richtig begreifen und einordnen. Dies liegt bei ihm keineswegs an einer Sehschwäche, sondern an einer Störung in jenem Hirnareal, in dem die Seheindrücke in bewusste Gedanken und Wahrnehmungen umgewandelt werden.

Trotz dieser Probleme wurde Joachims Intelligenz von Ärzten als normal eingeschätzt. Über die Ursachen seiner Hirnstörung weiß die Medizin jedoch nichts zu sagen. Möglicherweise sind genetische Ursachen ausschlaggebend, doch sicher ist dies nicht. Im Gespräch vor der Aufstellung erzählt die temperamentvolle Karin, dass sie die Behinderung des Sohnes nie richtig angenommen habe: »Die drei anderen Söhne waren in der Schule nicht nur gut, sondern sogar exzellent. Ich bin sehr stolz auf sie. Wieso sollte da ein Kind aus der Reihe schlagen? Ich wollte das nicht glauben, und für mich blieb Joachim ganz normal.« Wolfgang pflichtet dem bei: »Es ist sehr schwer, die Behinderung anzunehmen.« Im jetzigen Lebensalter als Neunjähriger scheint es Joachim allerdings immer besser zu gelingen, ein sozial normales Leben zu führen. Vieles macht das Kind jedoch mit sich im Stillen aus, weil es weiß, dass seine Eltern unter seinen Problemen leiden.

In der Aufstellung stellt Karin den Mann rechts neben sich und alle Kinder an ihre linke Seite. Als ich Wolfgang bitte, er möge das Bild aus seiner Sichtweise aufstellen, macht er es umgekehrt: Die Kinder stehen alle an seiner Seite. Bei der Befragung der Stellvertreter ergibt sich, dass es der Mehrzahl der Kinder im zweiten Bild, beim Vater, viel besser geht.

In beiden Bildern geht es der Mutter nicht gut. Es zieht sie zwar nicht aus der Familie, doch sie wirkt nervös. Als ihre Eltern in die Aufstellung hereinkommen, fühlt sich Joachim ihnen direkt nahe, insbesondere der Mutter der Mutter. Als Karin trotzig auf die Hereinnahme ihrer Mutter reagierte, solidarisierte sich Joachim sofort mit der Großmutter.

Karin lehnt ihre Mutter ab, und Joachim mischt sich in dieses Verhältnis ein. Als sich Karin und ihre Mutter gegenüberstehen, lacht Karin. Sie fühlt sich der Mutter in jeglicher Hinsicht überlegen und drückt dies auch aus: »Ich bin dir in jeglicher Hinsicht überlegen!« Joachim schmerzt das, doch Karin bittet ihn, sich in ihr Verhältnis zur Mutter nicht einzumischen.

Karin verhält sich der Mutter gegenüber nicht wie ein Kind, sondern wie eine Konkurrentin. Die Vermutung des Therapeuten, hier könnte noch eine frühere Frau von Karins Vater im Spiel sein, stellt sich als falsch heraus. Karins Eltern waren füreinander die ersten Partner.

Da zwischen Karin und ihrer Mutter momentan keine Lösung möglich ist, wird ein Zwischenbild aufgestellt, in dem das Ehepaar seine eigenen Rollen einnimmt: Alle Söhne kommen an Vaters Seite, während die Mutter bei ihren Eltern steht. Joachim fühlt sich wohl. Er strahlt seinen Vater an und tritt vor ihn hin. Wolfgang sieht den Sohn an und freut sich. Er sagt ihm unter Tränen und mit viel Liebe: »Du bist mein lieber Sohn, ich nehme dich mit deiner Behinderung, so wie du bist.« Das Kind ist erleichtert. Wolfgang möchte noch einen Satz ergänzen und sagt spontan: »Ich fordere und fördere dich jetzt!«

Dem Kind fehlt nun nichts mehr außer der Zustimmung der Mutter, dass es so sein darf, wie es ist. Sie versucht es zwar, doch der Therapeut unterbricht sie schnell, weil nur wenig Kraft in den Worten liegt. Joachim sagt Karin: »Mama, ich kann warten!« Für beide ist dies stimmig. Joachim geht zurück in die Reihe der Kinder.

Wolfgang schaut zu seiner Frau und sagt: »Ich warte auch!« Die Großmutter meldet sich ebenfalls und schaut Karin an: »Ich warte auch!« Karin sagt ihnen: »Ich brauche noch etwas Zeit.«

Wie sich nach der Aufstellung im Gespräch zeigt, hat Karin sich oft Vorwürfe gemacht, sie habe als Mutter dem schwierigen Sohn gegenüber versagt. Doch im Alltag versichert ihr Joachim dann immer liebevoll: »Mama, hör doch auf mit diesen Gedanken. Ich mach das mit meiner Krankheit alles allein! Ich kümmere mich allein darum.«

Während einer Runde im Seminar sagt Karin: »Ich glaube, es ist für mich und auch für Joachim wichtig, dass ich das Verhältnis zu meiner Mutter kläre und von meinem hohen Ross ihr gegenüber herabsteige.«


Für Eltern von behinderten Kindern geht es häufig darum, die Behinderung als Wirkung einer größeren Kraft zu sehen, auf die sie keinen Einfluss haben. Dies gilt insbesondere für Frauen. Ihnen fällt es der Beobachtung nach viel schwerer, der Behinderung des Kindes als Teil des Schicksals zuzustimmen. Dies hängt wohl auch damit zusammen, dass sich die Mütter durch die körperliche Intensität der Schwangerschaft in jeglicher Hinsicht mehr für das Kind und sein Wohlsein verantwortlich fühlen als die Väter.


*Christian, acht Jahre, geistig behindert*

Kerstin hat einen achtjährigen geistig behinderten Sohn. In der Aufstellung mit ihrem Mann und dem behinderten Christian zeigt sich, dass sie sich nicht traut, das Kind offen anzuschauen. Nur Christians Vater blickt wohlwollend auf den Sohn.

Christian sieht zum Vater: »Mit Papa habe ich keine Probleme, nur mit Mama. Sie sieht mich gar nicht richtig«, sagt Christian. Kerstin war schon zu Beginn in die eigene Rolle gekommen. Sie schaut jetzt zum Sohn und sagt: »Ich bin schuld an deiner

Behinderung.« Sie erklärt, was sie damit meint: Die Frauen in ihrer Familie haben eine Wehenschwäche. Davon erfuhr sie allerdings erst nach der Geburt von Christian. Kerstin glaubt nun, dass sie dies hätte vorher erfragen sollen; mit dieser Information wäre sie dann viel früher in die Klinik gefahren. Es kam damals zu einer Kaiserschnittgeburt. Auf Nachfrage berichtet Kerstin noch, dass das Kind während der Geburt in keiner Weise gefährdet war.

Während Kerstin spricht, schüttelt Christian den Kopf. »Nein, Mama! Niemand ist schuld an meiner Behinderung«, sagt er dann. »Mir geht es gut mit meiner Behinderung. Wenn du nur nicht so leiden würdest! Das ist es, was mich traurig macht.« Kerstin beginnt zu weinen. Auf Vorschlag des Therapeuten soll sie dem Kind sagen: »Ich nehme dich mit deiner Behinderung als mein richtiges Kind. Du bist gut, so wie du bist.«

Kerstin wird nun energisch: »Nein! Nein! Nein! – Ich will wissen, warum er behindert ist.« Weinend und auch aggressiv sagt sie immer wieder: »Warum? Ich will wissen, warum!«

Der Therapeut bittet einen Mann aus der Gruppe, als Stellvertreter des Schicksals dazuzukommen. Wie sich zeigt, kann sowohl der Vater von Christian als auch Christian sich vor dem Schicksal verneigen. Christian sagt zum Schicksal: »Ich nehme mein Leben, so wie ich es bekommen habe.« Das Schicksal lächelt und entspannt sich. Denselben Satz sagt Christian auch zur Mutter, doch Kerstin wird wieder wütend: »Ich werde mich vor dem Schicksal niemals verbeugen. Ich will endlich wissen, warum du behindert bist.«

Darauf reagiert das Schicksal heftig: »Das ist sehr schlimm, was sie sagt.« Das Schicksal blickt äußerst ernst. Christian hat den körperlichen Impuls, von der Mutter abzurücken. Zusammen mit dem Vater will sich Christian neben das Schicksal stellen. Dort geht es Vater und Sohn gut. »Ich fühle jetzt, dass das Schicksal, mein Vater und ich eine Gemeinschaft bilden«, sagt Christian.

Kerstin schüttelt nur den Kopf, während Christian sagt: »Bitte, Mama!«

Daraufhin Kerstin: »Ich will alles kontrollieren! Die Dinge müssen so sein, wie ich es will. Ich habe hier ein Recht auf Auskunft!«

Das Schicksal macht einen Schritt rückwärts und antwortet: »Ich brauche sie nicht.«

An dieser Stelle bittet der Therapeut die Stellvertreter, aus den Rollen zu gehen. Die Anmaßung gegenüber dem Schicksal ist zu groß geworden, denn Kerstin hat sich über das Schicksal erhoben.

Bei der Gesprächsrunde des nächsten Tages in diesem Seminar zeigt sich jedoch, dass Kerstin langsam beginnt, ihre anmaßende Rolle zu verlassen. Ganz offen sagt sie nun auch: »Ich hatte immer schon gefühlt, dass die Behinderung von Christian für meinen Mann kein Problem darstellt. Ich freue mich, dass die beiden es gut miteinander können. Ich selber bin leider noch nicht an dem Punkt.«

Christians Vater blickt die ganze Zeit wohlwollend auf den Sohn. Umgekehrt hatte Christian schon zu Beginn der Aufstellung gesagt: »Mit Papa habe ich keine Probleme.«

Am zweiten Tag des Seminars macht Kerstin eine weitere Aufstellung, die sehr deutlich ihren eigentlichen Hader mit dem Schicksal aufzeigt. Die Schwere des Schicksals für die Angehörigen aus ihrer Herkunftsfamilie schien ein menschliches Maß zu übersteigen. Die Zustimmung zu diesem Schweren macht nun den Weg frei für die Zustimmung zum Krankheitsschicksal ihres Sohnes.[40]

*Manuel, mongoloid und körperlich schwach, starb mit vier Jahren*

In der ersten Runde des Seminars sagt Felicitas, dass sie gern ihre Herkunftsfamilie aufstellen möchte. Sie habe Probleme mit

---

[40] Diese Aufstellung wird hier nicht dargestellt.

ihren Eltern. Auf die Frage, ob sie verheiratet sei und Kinder habe, nimmt ihr Gesicht schlagartig einen traurigen Ausdruck an. Sie erzählt, dass sie verheiratet ist und drei Kinder hat. Das erste der Kinder war mongoloid und starb im vierten Lebensjahr. Tränen schießen ihr in die Augen: »Ich habe nicht von ihm Abschied nehmen können. Ich war zum Zeitpunkt seines Todes gerade nicht in der Klinik.«

Felicitas stimmt zu, dass im Laufe des Seminars nicht die Herkunftsfamilie aufgestellt wird, sondern die gegenwärtige Familie. Hier ist eindeutig zu spüren, was Vorrang hat. Sie berichtet noch, dass sie regelmäßig an Manuels Geburtstagen depressiv wird und an heftigsten Magenschmerzen leidet. Immer noch macht sie sich Vorwürfe, dass sie nicht Abschied nehmen konnte.

Felicitas stellt am zweiten Tag des Seminars auf. Am schlechtesten geht es ihrer eigenen Stellvertreterin. Sie kann ihren mongoloiden Sohn nicht richtig anschauen. Manuel platzt heraus: »Sie kann mich nicht anschauen. Sie lehnt mich ab. Sie will mich gar nicht als Kind.« Manuel schaut zum Vater, der ihn anlächelt. Der Vater hat keinerlei Problem mit dem geistig behinderten Sohn. Man sieht, wie die Liebe zwischen ihnen fließt. Der Therapeut fragt Felicitas, was sie zu alldem sagt. Felicitas erzählt unter Tränen, dass sie tatsächlich ihren Sohn nie ganz angenommen habe. Ständig hatte sie sich vor allen Verwandten und Nachbarn geschämt, ein behindertes Kind geboren zu haben. Genau diese Scham konnte man in den Bewegungen von Felicitas' Stellvertreterin beobachten.

Felicitas kam nun in der Aufstellung an ihre eigene Position, während sich ihre Stellvertreterin setzte. Sie blickte Manuel in die Augen und sagte auf Vorschlag des Therapeuten: »Ich nehme dich, so wie du bist, als mein Kind. Deiner Krankheit und deinem Tod stimme ich zu.«

Manuel war gerührt und nickte heftig: »Das tut so gut!«, sagte er.

Felicitas nahm ihren Sohn in den Arm. Wie sich weiter zeigte, spielte es für Manuel keine Rolle, dass die Mutter während der Todesstunde nicht anwesend war. Felicitas mochte Manuels Worten zunächst kaum glauben, doch am Ende konnte sie dem erleichtert zustimmen.

Oft kann man die Vorstellung finden, dass der frühe Tod eines Kindes schlimm ist. Da es nur kurz lebte, habe es nichts vom Leben gehabt. Doch wenn man das Leben vergleicht mit dem, was vor der Geburt war, und dem, was nach dem Tod ist, kommt einem auch das Leben eines Hundertjährigen nur als ein kurzer Augenblick vor. Niemand weiß tatsächlich, ob jene, die früh starben, etwas versäumt haben. Deswegen ist es auch überheblich, wenn man ihnen ein »Ach, ihr Armen!« nachruft. Früh Verstorbene hinterlassen oft tiefere Spuren als spät Verstorbene.

Bert Hellinger machte einmal eine Aufstellung mit einem Elternpaar, das ein kleines Kind hatte, welches an einem Herzfehler litt. Die Eltern machten sich große Sorgen. In der Aufstellung lehnte sich der Stellvertreter des Kindes mit dem Rücken an die Eltern an. Mutter und Vater legten die Arme um das Kind und sagten: »Wir halten dich fest, solange wir dürfen. Wir sorgen für dich, solange wir dürfen – mit Liebe.« In solchen Situationen bringt die Sorge der Eltern ums Kind sie oft auseinander. Wenn sie es aber gemeinsam tragen, vertieft sich ihre Beziehung.

Tatsächlich starb das Kind nach einer Weile, und Bert Hellinger erhielt einen Brief von den Eltern. Da das Kind dringend eine Operation benötigte, wurde es operiert. Doch die Ärzte konnten es nicht retten. Es starb während der Operation. Die letzte Zeit vor seinem Tod war noch einmal sehr innig gewesen. In jener Nacht vor der Operation hat das Kind geschrien und wollte zur Mutter. Sie hat es auf den Arm genommen und es sehr lange getragen. Es war wie ein Abschied. Noch einmal wollte das Kind zu seiner Mutter, bevor es für immer Lebewohl sagte.

Die Eltern haben Bert Hellinger in dem Brief die Grabreden beigelegt, die bei der Beerdigung vorgelesen wurden: »Diese Reden waren tief bewegend. Die Liebe zu dem Kind, die sich dort offenbarte, und die Kraft, die dieses kranke Kind der Familie gab, sind nicht zu beschreiben. Seine Kraft für die Familie war viel tiefer, als wenn es als alter Mensch gestorben wäre.«[41]

In der Geschwisterreihe ist es immer mit Folgen verbunden, wenn eines der Kinder behindert ist: Häufig trauen sich die Gesunden nicht, ihre Lebenschancen kraftvoll wahrzunehmen. Sie fühlen sich schuldig, dass sie gesund sind, während einer vom Leben benachteiligt erscheint. Hier hilft es, wenn die gesunden Geschwister das Schicksal des kranken Kindes achten. Sie dürfen sich trauen, ihr Leben im Angesicht der Behinderung des Kranken zu nehmen. Besonders schwierig erscheint dies oft, wenn es sich insgesamt nur um zwei Geschwister handelt: ein gesundes und ein behindertes Kind. In einem solchen Fall sieht das gesunde Kind keine weiteren gesunden Geschwister und fühlt sich oft besonders verpflichtet, auf die freie Entfaltung seiner Möglichkeiten zu verzichten.

Hier trifft man den Ausgleich im Schlechten an: »Im Angesicht deiner Behinderung traue ich mich nicht, etwas aus meinen Chancen zu machen. Das ist meine Liebe zu dir.« Möglicherweise wird das gesunde Kind sogar krank. Dieser Ausgleich im Schlechten ist auch für das behinderte Geschwister eine seelische Belastung. Die Alternative ist der Ausgleich im Guten: Hier kann der Gesunde dem Behinderten sagen: »Meine Gesundheit ist mir Verpflichtung, dich als Bruder [bzw. Schwester] zu unterstützen, wo du es brauchst. Im Angesicht deiner Erkrankung traue ich mich, etwas aus meinem Leben zu machen.«

---

[41] Vgl. Hellinger: *Die Quelle braucht nicht nach dem Weg zu fragen*, a. a. O., S. 331 ff.

# Psychiatrische Störungen bei Kindern

Bei psychiatrischen Störungen von Kindern wie auch von Erwachsenen sind im Familienhintergrund oft lange gehütete Tabus zu finden. Bei diesen Tabus geht es nicht selten um Mord oder andere Verbrechen.

*Winfried, siebzehn Jahre, psychotisch*
Vera macht sich Sorgen um Winfried, den jüngeren ihrer beiden Söhne. Seit seiner Geburt ist Winfried ständig krank. Er litt unter Krupphusten und einer nicht enden wollenden Kette von Infektionskrankheiten. Gleichzeitig war er schon als Kleinkind verhaltensauffällig. Später litt er während der Kindheit unter seinen fortwährenden Aggressionen und Lernschwierigkeiten. Seit Beginn der Pubertät ist er des Öfteren psychotisch, sodass er entsprechende Medikamente nehmen muss. Winfried war auch schon stationär in der Kinder- und Jugendpsychiatrie.
Um mir ein erstes Bild zu verschaffen, mache ich mit Vera eine Familienaufstellung mit Papierscheiben. Sie, ihr Mann und Winfrieds älterer Bruder stehen eng beisammen, während Winfried extrem weit ins Abseits gestellt wird. Wenn ein Kind so platziert ist, vertritt es meist einen Menschen im Familiensystem, der tabuisiert wird.
Auf die Frage, wer die ausgeschlossene Person sein könnte, erzählt Vera folgende Geschichte: Ihr Mann habe noch eine ältere Halbschwester, die er allerdings zwanzig Jahre nicht mehr gesehen habe. Es könnte sein, dass sie Jüdin sei; das sei aber nicht sicher. Es gebe wohl irgendein Geheimnis um etwas Jüdisches. Nachdem das jüdische Geheimnis mit einem weiteren Symbol dazugestellt wird, ist auf der Papierscheibe von Veras Mann eine starke Erschütterung spürbar.
Vera soll nun bis zur nächsten Sitzung mit ihrem Mann über dieses Geheimnis sprechen, um noch mehr Informationen zu

erhalten. Was konnte man über die Halbschwester in Erfahrung bringen? Außerdem wäre es natürlich wünschenswert, wenn ihr Mann zum nächsten Termin mitkäme.

In der Tat kam Vera in der folgenden Sitzung zusammen mit ihrem Mann Claus. Obwohl nur drei Wochen zwischen der ersten und der zweiten Sitzung lagen, hatte sich sehr viel ereignet. Nach zwanzig Jahren hatte Claus tatsächlich auf Veras Drängen hin Kontakt zur Halbschwester aufgenommen. Die beiden berichteten, dass Valerie, die Halbschwester, seltsamerweise auf den Telefonanruf gewartet zu haben schien: »Ach, ihr seid es, schön dass ihr euch meldet ...«, reagierte sie am Telefon. Sogleich wurde ein Treffen arrangiert. Aus der Erzählung von Valerie ging hervor, dass sie tatsächlich durch ihren Vater auch jüdisch ist. Sie und Claus haben dieselbe Mutter, doch vor Claus' Vater war die Mutter mit einem Juden zusammen, Valeries Vater.

Ursprünglich hatte die Mutter Claus' Vater nicht zum Mann nehmen wollen, denn sie war noch mit Valeries Vater zusammen, einem Juden, den sie sehr liebte. Da verriet Claus' Vater seinen Rivalen an die Nazis, die ihn dann in ein Konzentrationslager brachten und ermordeten. Auf diese Weise wurde Valerie vaterlos. Nachdem der Rivale beseitigt war, erpresste Claus' Vater die Mutter: »Wenn du nicht bei mir bleibst und tust, was ich sage, wirst du deine Tochter auch noch verlieren!« Die Mutter gehorchte, denn sie wollte ihr Kind nicht verlieren. Vermutlich durch die Initiative von Claus' Vater lebten die vier in einer durch die Nazis von einem Juden konfiszierten Wohnung.

Claus hörte der Erzählung seiner Schwester erschüttert zu. Bei diesem Familientreffen war auch Winfried zeitweise anwesend. Entgegen seiner sonstigen aggressiven Abwehr aller Außenkontakte reagierte er auf seine jüdische Tante äußerst positiv: »Das ist schön, dass ich dich endlich kennen lerne!«, sagte er zur Begrüßung. Zur Verblüffung von Claus und Vera umarmte

126

Winfried seine Tante sogar, als ob er sie schon ewig kenne. Nachdem Valerie gegangen war, bat Winfried seine Eltern um ein Foto seiner Tante, denn der Vater hatte bei dem Treffen einige Bilder gemacht.

»Was willst du denn mit dem Foto machen?«, fragte Vera, denn ihr kam das Verhalten des Sohnes sehr merkwürdig vor.

»Ich stelle es auf mein Nachtschränkchen, damit ich es gut sehe«, antwortete Winfried strahlend. Beide Eltern waren sich einig, dass es Winfried seit diesem Familientreffen deutlich besser ging. Er war sehr viel ruhiger und ausgeglichener geworden.

In einer späteren Familienaufstellung in der Gruppe, an der Vera mit ihrem Mann Claus teilnahm, bestätigte sich die enge Verbindung von Winfried und seiner Tante. Es zeigte sich, dass Winfried anstelle von Claus zu dem Ermordeten will. Winfried will für seinen Großvater sühnen.

In einer sehr dramatischen Aufstellung fand Claus am Ende seinen Platz neben der Halbschwester. Beide hielten sich weinend im Arm und gingen zu dem Ermordeten. Der Verlauf zeigte auch, dass Claus' Mutter sich das Zusammenbleiben mit dem zweiten Mann nicht verzeihen konnte. Sie liebte und sie hasste ihn gleichzeitig. Nach anfänglicher innerer Abwehr spürte sie eine wachsende Nähe zu ihm. Sie stellte sich schließlich neben ihn, worauf sie sich mit dem Mann zusammen dem Toten zuwendete. Am Ende bildeten Claus' Mutter, der Ermordete und der Täter eine nicht zu lösende Dreiergemeinschaft.

Im Lösungsbild war Winfrieds Platz neben seiner Mutter und seinem Bruder. Auf der anderen Seite der Mutter stand Claus mit seiner Halbschwester und stellte sie der Familie vor: »Das ist meine jüdische Halbschwester, eure Tante. Sie gehört jetzt dazu!«

*Willi, sechzehn Jahre, lebensmüde, legt keinen Wert auf Hygiene*
Volkmar und Luise kommen wegen ihres ältesten Sohnes in die

Gruppe. Willi fühlt sich nicht als der Familie zugehörig. Außerdem hat er große Schulprobleme, verweigert die Mitarbeit, hat an nichts Interesse, und er provoziert seine Umgebung ständig. Häufige ambulante kinderpsychiatrische Behandlungen wegen Lernproblemen und Lethargie waren nach Luises Auskunft ohne Wirkung. Eine genaue Diagnose wurde nicht gestellt. Neben Willi haben Volkmar und Luise noch eine jüngere Tochter, Claire.

Die Aufstellung zeigt, dass sich Willi als »Fremdkörper« fühlt. Ihm ist, als gehöre er nicht zur Familie. Auch Luise geht es nicht gut. Luise erzählt von einem Bruder ihres Vaters, der als letzter von fünf Brüdern auf die Welt kam. Erst unmittelbar vor Seminarbeginn erfuhr sie die folgende Geschichte: Die Großmutter hatte schon nach der Geburt des dritten Kindes verkündet: »Schmeißt ihn auf den Mist, ich will keine Jungen mehr sehen! Ich will nur noch ein Mädchen.« Um den fünften Jungen, der körperlich sehr schwach war, scherte sie sich kaum noch. Weder kümmerte sie sich um seine Hygiene, noch nahm sie ihn richtig als ihr Kind wahr. Ob sie ihm genug zu essen gab, ist ungeklärt. Das Kind starb recht schnell und wurde in der Familie totgeschwiegen.

Es werden nun Luises Eltern, der früh verstorbene Bruder von Luises Vater und die Eltern der Mutter (Luises Großeltern) in die Aufstellung hereingenommen. Sogleich wird deutlich, wie intensiv Willi den Onkel seiner Mutter anstrahlt. Indem er sich familienfremd fühlt und sich in hygienischer Hinsicht nicht um sich kümmert, spiegelt er teilweise das Schicksal des Großonkels.

Auf den Hinweis des Therapeuten dreht sich der Onkel der Mutter zu seinen Eltern um. Der Onkel kann der Großmutter, seiner Mutter, kaum in die Augen schauen, denn er spürt Abscheu vor ihr: »Ich halte sie kaum aus! Ich muss weg von hier.« Umgekehrt fühlt sich die Großmutter sehr schlecht, wenn sie auf dieses Kind blickt: »Ich mag ihn gar nicht angucken, da wird's mir ganz schlecht!« Die Großmutter spürt den Drang, sich von der Gruppe weit zu entfernen, wo es ihr bald besser geht.

Daraufhin nimmt Luises Vater Luise an der Hand. Auch Willi nehmen sie mit und verbeugen sich vor dem früh Verstorbenen. Dieser ist sehr gerührt: »Für mich ist es in Ordnung so. Ich bin froh, wenn ich auf euch alle blicke.« Luise umarmt weinend ihren Onkel und sagt ihm unter anderem: »Das ist mein Sohn Willi. Er fühlt mit dir mit.« Willi kommt eine Träne, und er sagt spontan zur Mutter: »Ich weiß alles über ihn, alles!« Wie Luise später erzählt, hat sie Willi gegenüber den Onkel noch nie erwähnt, doch Willis Seele scheint ihn gut zu kennen!

Anschließend wird ein Halbkreis gebildet, der von dem verstorbenen Onkel und Luises Eltern angeführt wird. Es folgen Luise, ihr Mann Volkmar und dann die Kinder. Willi strahlt: »Jetzt gehöre ich dazu!«


*Markus, vierzehn Jahre, halluziniert und hat nachts Erscheinungen von Toten*

Renate war geschieden und hat einen Sohn und eine jüngere Tochter. Der Grund ihres Kommens war die Angst um ihren vierzehnjährigen Markus. Wenn in der Familie jemand stirbt, sieht Markus den Verstorbenen nachts am Bett. In der Regel dauert es drei Monate, bis er den Toten nicht mehr sieht. So war es auch, als vor einiger Zeit Renates Bruder an Leukämie starb. Markus sah fast jede Nacht den Toten und wusste nicht, wie er damit umgehen sollte. Sobald es abends dunkel wurde, ängstigte er sich vor dem bevorstehenden nächtlichen Besuch.

Ähnliche Fälle gab es mehrere. Vor einiger Zeit war plötzlich Renates Mutter gestorben. In jener Nacht, als Markus' Großmutter starb, sah Markus sie an sein Bett kommen. Noch vor allen anderen Familienmitgliedern wusste Markus, dass die Großmutter gestorben war.

Unter Esoterikern werden solche Kinder nicht selten als »sehend« und »spirituell weit entwickelt« bezeichnet, denn sie erkennen, was den Lebenden verborgen ist. Dabei wird ausgeblendet, dass diejenigen, die solche seherischen Erfahrungen machen, in vielen Fällen in psychischer Hinsicht gefährdet sind. Sie stehen auf dem Grat zwischen dem Reich der Lebenden und der Toten. Sie sehen das Verborgene, weil sie den Toten näher sind als den Lebenden. Nur wenige Menschen sind imstande, solche Erfahrungen gleichzeitig mit einer tiefen Bodenverankerung zu machen.

Aus Sicht der Erfahrung mit Familienaufstellungen ist ein Kind wie Markus gefährdet. Was Renate zusätzlich beunruhigte, war, dass Markus schon lange das Gefühl hatte, er müsse sehr früh sterben, er müsse sogar noch als Kind sterben. Außerdem litt Markus chronisch an wechselnden Allergien, Rückenbeschwerden und psychosomatischen Problemen aller Art. Häufig konnte er wegen der verschiedensten Erkrankungen nicht zur Schule gehen.

In der Nacht vor der Familienaufstellung, so berichtete Renate, sah Markus den Tod am Bett stehen: »Ich will noch nicht«, sagte Markus und berichtete es am Morgen der Mutter. Außerdem sah Markus in der letzten Zeit immer wieder eine Frau mit langen lockigen Haaren.

Renate hatte sich eine Theorie zurechtgelegt, um sich die Probleme des Kindes zu erklären. Sie glaubte, Markus habe ihre Scheidung im Alter von sieben Jahren nicht verkraftet. Außerdem zeige der Stammbaum, dass in der Tat jeder Erstgeborene in ihrer Familie nicht über vierzig Jahre alt geworden sei, und auch Markus sei ein erstgeborenes Kind. Zum Dritten hätte das Kind viel mit ihr mitgelitten, als ihr Bruder, Markus' Onkel, vor einiger Zeit qualvoll starb.

In der Aufstellung in der Gruppe wurde deutlich, dass Renate diejenige war, die nicht leben wollte und die sich dem Tod verbunden fühlte. Ihr geschiedener Mann und die Kinder, besonders Markus, versuchten, sie im Leben zu halten.

Die Wahrnehmung des Therapeuten war, dass eine wichtige Person fehlte, denn mehrere Stellvertreter blickten auf den Boden. Wenn dies der Fall ist, schauen sie in der Regel auf ein Grab. »Mich zieht es zu meinem geliebten Bruder, der kürzlich an Krebs starb«, flocht Renate ein. Doch weder die hinzugenommenen Eltern Renates noch ihr verstorbener Bruder änderten Wesentliches am Aufstellungsgeschehen. Plötzlich spürte der Therapeut eine Welle massiven Ärgers gegenüber Renate, die auf dem Stuhl sitzend der Aufstellung folgte, und er äußerte dies auch. Dieser spontan wahrnehmbare Ärger, der keinen äußeren Anlass hatte, konnte nur einen Grund haben: Renate verschwieg etwas Wichtiges! Die Stellvertreter von Renates Mutter und den Kindern stimmten heftig zu: »Ja, sie könnte etwas sagen. Sie weiß etwas! Das ist eindeutig!«

Renate rutschte unruhig auf ihrem Stuhl hin und her: »Nein, ich weiß nichts.« Doch nach einigem Zögern setzte sie hinzu: »Da könnte vielleicht doch etwas sein – der Erstgeborene von uns Geschwistern war eine weibliche Totgeburt, doch ich dachte immer, das sei unwesentlich.«

Die Stellvertreter fingen sogleich an zu nicken. Es war zu spüren, dass endlich das Entscheidende zur Sprache gebracht worden war. Handelte es sich hier um die Frau mit den langen lockigen Haaren, die Markus gesehen hatte? Nach der Hereinnahme von Markus' früh verstorbener Tante lächelte Markus die Tante sogleich an. Außerdem hoben sich die Blicke von jenen Stellvertretern, die bislang auf den Boden geblickt hatten. Markus sagte, während er die Tante anstrahlte: »Ich fühle, als wäre ich sie. Ich bin gar kein Junge.« Renate seufzte auf ihrem Stuhl auf. Markus' enge seelische Nähe zu einer weiblichen Verwandten ist verwirrend für seine Geschlechtsrollenentwicklung. Als Junge muss er zum Vater, um das Männliche in sich aufnehmen zu können.

Der weitere Verlauf zeigte, dass weder Renates Mutter noch Renate bereit waren, die tote Erstgeborene in ihr Herz zu nehmen. Sie konnten keinen Bezug zu ihr herstellen. Dies tat Markus, der weiterhin seine Tante anlächelte. Als die beiden abseits gestellt wurden, schmerzte dies Markus' jüngere Schwester. Trotzdem konnte sie neben dem Vater bleiben, wo sie stabil stand. Nur Markus konnte seinen Platz dort nicht einnehmen: »Ich will zur Tante!« Dazu meinte der Vater: »Schade, ich kann nichts machen, außer warten, dass Markus vielleicht doch noch zu mir kommt«, sagte er.

Während der Aufstellung hatte der Therapeut Renate, die auf dem Stuhl saß, im Auge behalten. Ihre mangelnde Mitarbeit im Vorgespräch setzte sich im Ausdruck ihres Gesichts und ihrer lässigen Körperhaltung fort. Auf die Frage »Was sagst du zu alldem?« zuckte sie nur gelangweilt die Schulter. Es war deutlich, dass ihr eine Lösung für Markus gar nicht wichtig war. Aus diesem Grund wurde die Aufstellung abgebrochen. Renate nahm es mit Gleichmut hin.

Im Laufe des Seminars jedoch schien etwas in ihr in Bewegung zu kommen. Sie meldete sich später zu Wort und meinte: »Eine Lösung für Markus haben wir aber noch nicht – oder?«

Hier machte der Therapeut eine Übung mit ihr: »Welche Augenfarbe hat Markus?«

»Graublau.«

»Stell ihn dir vor, schau in seine Augen und sag ihm: ›Danke, dass du das alles für mich auf dich nehmen willst.‹«

Sie sprach es aus und lächelte dabei. Mimik und Gestik waren in völligem Einklang mit ihren Worten. Renate bemerkte ebenfalls, wie harmonisch die Sätze aus ihr herausgeflossen waren und dass sie stimmten. Dabei beließ es der Therapeut. Die möglichen guten Wirkungen des Familien-Stellens beruhen darauf, dass man zeigt, was ist. Anschließend zieht sich der Therapeut ganz zurück. Auf diese Weise kann das Bild einen Weg in die Seele finden und dort wirken.

## Todessehnsucht

*Felix, fünfzehn Jahre, legte sich auf Bahngleise*
Bernd kam in die Praxis, weil er Angst um seinen jüngsten Sohn Felix hatte. Felix ist schon immer ein extrem verschlossenes Kind gewesen. Er wollte nie mit auf Familienausflüge, sondern blieb lieber allein als Eigenbrötler zurück. Er lebt extrem zurückgezogen und ist computersüchtig. Außerdem isst er nur wenig, leidet unter periodisch auftretenden schweren Kopfschmerzen, Übelkeit und Schwindel. Für die Schule tut Felix nur das Notwendigste und ist deswegen auch schon sitzen geblieben. Wegen eines Mädchens, in das er sich verliebt hatte und das ihn ablehnte, hatte er schon vor längerer Zeit einen ersten Selbstmordversuch unternommen.

Bernd berichtet, er und Felix' Mutter seien seit einigen Jahren geschieden. Von den zwei Kindern wächst der ältere Sohn bei der Mutter auf, während Felix bei ihm lebt. Felix hatte vor kurzem einen weiteren Selbstmordversuch gemacht, indem er sich auf Bahngleise legte. Der Suizid wurde nur dadurch vereitelt, dass der Junge zufällig durch Bahnarbeiter gefunden worden war.

»In meiner Familie hat es so viele Selbstmorde gegeben«, seufzt Bernd, »ich spüre, dass Felix mit Dingen aus meiner Familie verbunden ist. Wenn ich jetzt nichts unternehme, werde ich mir das nicht verzeihen. Deswegen bin ich hier.«

Das weitere Gespräch ergibt, dass Bernds Eltern sich innerhalb von zwölf Monaten nacheinander umbrachten, als Bernd siebzehn Jahre alt war. Bernd leidet seit langem unter Albträumen, in denen Kriegsgräuel vorkommen. Nachdem er sich mit

Büchern über Familienaufstellungen beschäftigt hatte, ahnte er, dass die SS-Vergangenheit seines Vaters sowohl mit dem Selbstmord seiner Eltern als auch Felix' Suizidversuchen und seinen eigenen Albträumen in Zusammenhang steht. Bernds Vater hat an der Erschießung von Juden teilgenommen.

Angesichts der Schwere des Berichteten kommt eine Aufstellung mit Papierscheiben hier kaum in Betracht. Deswegen rate ich Bernd, an einer Gruppenaufstellung teilzunehmen.

Im Anfangsbild der Aufstellung in der Gruppe ist die Mutter der Kinder ins Abseits gestellt, während Bernd und seine beiden Söhne auf den Boden starren. Eine tiefe Trauer liegt über der ganzen Gruppe. Der Therapeut bittet Bernd, seine Eltern und vier Vertreter für die Opfer der SS dazuzustellen. Bernd stellt die Opfer, welche sich bald auf den Boden legen, direkt vor sich und die Kinder, während er seine Eltern hinter sich und die Kinder stellt. Auf diese Weise können der Täter und seine Frau die Opfer nicht richtig sehen. Das Bild zeigt, wie Bernd seine Eltern vor den Folgen ihres Tuns im Dritten Reich schützen will.

Im weiteren Geschehen wird deutlich, dass die Eltern in keiner Weise auf die Toten reagieren. »Das geht mich überhaupt nichts an – völlig uninteressant«, sagt Bernds Vater. Wenn die Täter sich den Folgen ihrer Taten und der Schuld nicht stellen, tun dies Spätergeborene: Es zeigte sich hier, dass nicht nur der jüngste Sohn für Bernd und den Großvater zu den toten Opfern will, sondern auch Bernds älterer Sohn signalisiert, dass er zu den Toten will. Den Großvater der Kinder rührt dies nicht, doch Bernds Stellvertreter ist bewegt. Er möchte jetzt zu den Opfern. An dieser Stelle kommt Bernd in seine eigene Rolle. Er legt sich zu den Toten. Dort fühlt er sich sogleich wohl. Wie die Stellvertreter der Opfer später berichteten, fanden sie es nicht in Ordnung, dass ein Kind des Täters zu ihnen kam. Sie warteten auf den Richtigen.

An dieser Stelle kehrte eine große Stille ein. Plötzlich begann

Bernds Mutter zu schluchzen: »Ich schäme mich!« Immer wieder schlug sie die Hände vor das Gesicht, um die Opfer nicht anschauen zu müssen. Der Therapeut bat jedoch Bernds Eltern, immer wieder nach vorn auf die Toten zu blicken. »Die sind mir egal«, beharrte Bernds Vater, »nur mein Sohn gehört da nicht hin.« Auch ein zusätzlicher SS-Täter, der hineingenommen wurde, reagierte ähnlich wie Bernds Vater: »Ich fühle mich in Bezug auf die Toten ganz unbeteiligt.«

Bernd fühlte sich schon bald nicht mehr wohl neben den Opfern, nachdem er einem von ihnen in die Augen geblickt hatte. Er stand wieder auf und trat vor seine Eltern. Er begann zu zittern. Nacheinander blickte er auf den Vater und die Mutter: »Ihr habt euch umgebracht, als ich siebzehn Jahre alt war. Ihr fehlt mir sehr! Es war schlimm für mich.« Der Vater wird nun gefühlvoll und streckt seinem Sohn die Hände entgegen. Bernd umarmt ihn und dann auf dieselbe Weise auch die Mutter. Bernd sagte seinen Eltern: »Ich nehme das Leben von euch und mache etwas aus dem, was ihr mir gegeben habt. Eure Verbindung zu diesen Toten achte ich und auch eure Schuld, die euch mit ihnen verbindet.« Die Eltern stimmen dem bewegt zu.

Zwischen Opfern und Tätern kam jedoch nur zögerlich ein Prozess in Gang. Bernds Vater begannen bald die Knie zu zittern, doch er wollte noch nicht ganz auf den Boden gehen. Stattdessen sagte er spontan: »Ich bitte um Entschuldigung«, so als ob man die Morde auf diese Weise ungeschehen machen könnte. Auf die Opfer hatte dies keinerlei Wirkung. Drei von ihnen meinten: »Das ist so, als hätte er gar nichts gesagt.« Das vierte Opfer sagte: »So einfach kann er es sich nicht machen! Wir haben sehr viel Zeit, unendlich viel Zeit.« Bernds Vater reagierte daraufhin barsch: »Für mich ist die Sache jetzt beendet.« Das ist sie natürlich keineswegs!

In weiteren Schritten entfernen sich Bernd und seine Söhne zusammen mit Bernds Frau. Bernd sagt den Kindern, dass sie sich auf Mutters Seite stellen sollen. Kaum hat er das gesagt, atmen die beiden gefährdeten Kinder tief ein: »Wir müssen ganz eng zur Mutter«, sagt Felix, und auch der Bruder nickt. Die Mutter und die Söhne rücken enger zusammen. Die Kinder bestätigen, dass sie sich jetzt sicher fühlen. Bernd ist anzumerken, wie schwer es ihm fällt, die Kinder ganz bei der Mutter zu lassen: »Auch wenn ihr zur Mutter geht, ich bleibe euer Vater!«

Nachdem die Aufstellung beendet war, erzählten die Stellvertreter noch aus ihren Erfahrungen der Rollen. Ein Opfer war gänzlich auf Rache ausgelegt und war voller Schadenfreude. Die anderen jedoch berichteten, dass sie durch die heftigen Gefühle zwischen Bernd und seinen Eltern aus der Lethargie aufgewacht seien. Sie hatten Bernd gegenüber viel Sympathie und freuten sich, als für die Enkel des Opfers eine Lösung gefunden war. Der Prozess zwischen Opfern und Tätern war jedoch noch nicht zu einem Ende gekommen.

# Verschiedenes – weitere Fallgeschichten

## Schulprobleme

Viele Fälle von Lern- und Schulproblemen zeigen, dass es mit Nachhilfeunterricht und vermehrter Zuwendung allein oft nicht getan ist. Kinder, die schwerere Schulprobleme haben, wollen mit diesen Schwierigkeiten häufig auf Dahinterliegendes aufmerksam machen.

*Juan, elf Jahre, ist schon mehrmals sitzen geblieben*
Juan machte nie Hausaufgaben, erledigte nicht, was Eltern und Lehrer ihm auftrugen, hielt keine Regeln ein, legte keinen Wert

auf Hygiene, kleckerte dauernd beim Essen, unterschlug Geld und Weiteres mehr. Das Kind wurde als »Phosphatkind« diagnostiziert, und tatsächlich hatte eine entsprechende Diät die Probleme ein wenig bessern können. Doch der durchschlagende Erfolg blieb bis dato aus.

Miroslav und Isolde entschlossen sich, für ihren Sohn eine Familienaufstellung in der Gruppe zu machen. Hier zeigt sich, dass hinter Juans problematischem Verhalten eine tiefe Liebe steht: Er hält es nicht aus, dass sein Vater zu seiner im Alter von wenigen Wochen an Hirnhautentzündung verstorbenen Schwester will. Mit »aller Gewalt« will er Miroslav in der Familie halten.

Das problematische Schul- und Alltagsverhalten ist Ausdruck seiner tiefen Liebe zum Vater. Doch niemand kam bislang auf einen solchen Gedanken! Niemand konnte die Liebe des Kindes sehen: weder Miroslav noch Isolde noch die Lehrer und Mitschüler. »Bitte, Papa!«, flehte Juan seinen Vater an. Indem Miroslav seine Schwester zum ersten Mal liebend ins Herz nimmt und ihr seinen Sohn Juan zeigt und außerdem Juan versichert: »Der Papa bleibt!«, wirkt der Sohn befreit und atmet durch.

*Mascha, zwölf Jahre, Angst vor der Schule*

Mascha kommt mit ihrer Mutter zu einem Gespräch, weil Mascha unerklärliche Angst vor der Schule hat. Die Schulangst spürt sie auch körperlich – sie reicht ihr manchmal bis zum Kehlkopf. Das zierliche, kleine Mädchen mit pechschwarzen Haaren zeigt mir mit der Hand, wie die Angst oft ihren Atem hindert. Zusammen machen wir eine Aufstellung mit Papierscheiben: Mascha legt ihre Schulangst, für die sie ein weibliches Symbol auswählt, sich genau gegenüber. Wenn man sich auf die Angst stellt, fühlt es sich an wie ein Geschwister.

Bewegt berichtet die Mutter, dass Mascha »eigentlich« noch ein älteres tot geborenes Geschwister habe, von dem sie noch nie erzählt habe. Die ausgewählte Papierscheibe für die Angst ist weiblich, und die Mutter bestätigt, dass es sich um ein schwer krankes Mädchen handelt, das nach der Geburt starb.

Die Mutter ist sehr traurig und beginnt zu weinen. In Gegenwart von Mascha nimmt sie nun ihr totes Kind und sagt ihm: »Es war so schlimm für die Mama. Nach deinem Tod ist es gut weitergegangen. Das hier ist deine Schwester, die nach dir kam.«

Mascha ist ruhig und lächelt. Auf Vorschlag des Therapeuten sagt Mascha zur toten Schwester, indem sie eine Hand auf ihr Herz legt: »Mit dir im Herzen bin ich nicht allein, sondern ganz stark. Du bist die Ältere von uns beiden, und an deiner Seite traue ich mich jetzt, in die Schule zu gehen.« Aus einem zufällig zustande gekommenen Kontakt nach einem Jahr ergab sich, dass Mascha in der Schule nun ohne Angst war.

*Till, acht Jahre, will nicht lernen*

Urs kommt ohne seine Frau in eine Gruppe. Er erzählt, dass sein Sohn Till keine Lust zum Lernen hat. Außerdem hat er den Eindruck, dass der Sohn nur von der Mutter nimmt, jedoch nicht von ihm. Auch beim Lernen verweigert der Sohn die Unterstützung des Vaters. Till vermutet, dass der Sohn etwas für ihn trägt. Das erste Aufstellungsbild zeigt jedoch etwas ganz anderes: Urs' Frau steht völlig abgewandt und beginnt zu zittern. Es liegt etwas Schweres in der Luft. Der Junge leidet mit ihr. Der Therapeut bittet die Mutter, ihren inneren Bewegungsimpulsen zu folgen. Sie entfernt sich noch weiter von Urs und Till.

Es zeigt sich, dass Urs' Befürchtungen, der Sohn trage etwas, berechtigt sind; doch Till trägt für die Mutter, nicht für ihn. Urs hat nicht die geringsten Informationen über Schlimmes in der Familie seiner Frau. Die Frau hat vor einer Weile eine Familienaufstellung gemacht, doch er hat keine Informationen darüber, denn sie teilte ihm nichts von den Ergebnissen mit, obwohl die

Gegenwartsfamilie aufgestellt worden war. Die Frau scheint keinerlei Vertrauen zu Urs zu haben.

Nachdem Urs' Vater und auch der Urgroßvater hinzukommen, stehen die vier Männer in einer Reihe: Till lehnt sich an Urs an, der wiederum spürt im Rücken die Kraft des Vaters, und dahinter steht der Urgroßvater. Till entspannt sich völlig und sagt: »Jetzt geht es mir endlich gut.« Urs sagt Till, indem er ihn fest an den Schultern hält: »Lass dich fallen. Ich halte dich.« Die Stellvertreterin der Mutter seufzt auf, als sie den Sohn in Sicherheit sieht.

Der Therapeut gibt Urs den Rat, dass er seiner Frau von der Aufstellung erzählen soll. Es ist an ihr, therapeutische Hilfe zu suchen und sich ihrer Herkunftsfamilie zuzuwenden, um herauszufinden, was dort geschehen ist. Nach dieser Aufstellung hat Urs ein kraftvolles Bild, wie er seinem Sohn helfen kann. Bei einer Trennung von der Frau sollte das Kind zu ihm.

*Nina, dreizehn Jahre, Lernschwierigkeiten, intensive Introversion*

Monika kommt mit ihrem Mann Karl zu einem Aufstellungsseminar, weil sie sich Sorgen um die schulischen Leistungen ihrer Tochter Nina macht. Nina ist eine Einzelgängerin und hat kaum Freunde. Die Lehrer geben den Eltern häufig die Rückmeldung, ihre Tochter sei sozial isoliert. Sie muss auch wesentlich härter als andere Kinder lernen, um einigermaßen mitzukommen. Besonders sorgen sich Karl und Monika wegen Ninas Introversion. Sie wirkt meist lustlos, antriebslos und ist für ihr Alter viel zu ernst.

In der ersten Gesprächsrunde im Seminar seufzt Monika: »Sie ist genau das Gegenteil von unserem ersten Sohn Michael, der mit elf Monaten am plötzlichen Kindstod starb.« Ein Weinkrampf schüttelt sie, bevor sie weitersprechen kann: »Michael war das genaue Gegenteil von Nina: aktiv und immer lustig. Ich vergleiche die beiden immer und denke: ›Warum kann Nina nicht auch so sein wie Michael?‹« Wieder weint sie, während Karl stumm den Arm um seine Frau legt.

Als Monika am zweiten Tag des Seminars an die Reihe kommt, bricht es aus ihr heraus: »Immer wenn du sprichst«, sie deutet auf Sibylle, eine Seminarteilnehmerin, »werde ich unglaublich aggressiv auf dich, denn du erinnerst mich an den Tod.«

In der Tat wirkt Sibylle wie der Tod. Wie die Gruppe vom Vortag her wusste, war Sibylle nicht nur bei diesem Seminar in Schwarz gekleidet. Sie trägt seit Jahrzehnten Schwarz. Auf jeden Unbefangenen wirkt sie wie die Verkörperung des Todes. »Ich bin so wütend auf den Tod«, fährt Monika schluchzend fort, »denn er hat mein Kind fortgerissen – mein Sohn starb im elften Monat durch einen Infekt.«

Monika hat als Letzte in der Gruppe gesprochen, und es erschien stimmig, die Aufstellungen des vor uns liegenden Tages sogleich mit ihr beginnen zu lassen. Sie erzählt, dass sie nach dem Tod des Kindes nicht getrauert hatte: »Es waren so viele Formalitäten zu erledigen, und ich war viel zu beschäftigt, um zu trauern. Ich sagte mir einfach nur: ›Das Leben geht weiter.‹ Zunächst sah es auch so aus, als ob das Leben normal weitergehe. Mein Mann und ich wünschten uns, dass ich sofort wieder schwanger werden würde, damit wir das tote Kind ersetzen könnten.«

Der Therapeut unterbricht: »Ein verstorbenes Kind ist nicht ersetzbar. – Es liegt auf der Hand, wer bis heute in der Familie die Trauer stellvertretend zum Ausdruck bringt.«

Monika versteht nicht sofort, doch dann dämmert es ihr: »Nina?«, fragt sie.

Sie erzählt weiter: »Direkt nach Michaels Tod verpackte ich sämtliche Fotos von ihm in eine Kiste und vergrub sie im Keller. Wir schauten sie nie mehr an. Erst als ich mich mit Familienaufstellungen beschäftigte und Bücher darüber las, merkte ich, dass das nicht normal sein konnte. Letztes Jahr ging ich in den Keller und holte ein Foto wieder herauf. Wir stellten es so in der

Wohnung auf, dass Nina es immer sehen konnte. Sie reagierte sehr positiv darauf.«

Monika ergänzte dann noch, dass sie nach Michaels Tod tatsächlich sofort wieder schwanger wurde. Das Kind ging jedoch zwischen der siebten und achten Woche ab, was Monika damals das Gefühl vermittelte, dass ihr der Boden nun vollends unter den Füßen wegbreche. Wenig später wurde sie erneut schwanger. Nina kam auf die Welt. Auf sie konzentrierten sich nun alle Hoffnungen.

Sowohl Monika als auch Karl stellten ihr Bild der Familie auf. Da Karls Bild das ernstere der beiden war, wurde es als Ausgangspunkt für die Aufstellung genommen. Alle Stellvertreter der Familienmitglieder fühlten sich unwohl. Die beiden Geschwister konnten sich nicht sehen. Als Michael nach vorne trat und für Nina sichtbar wurde, fing diese sogleich an zu zittern und zu weinen. Die Geschwister wollten zueinander. Nina ging zu dem toten Bruder und umarmte ihn.

Doch geht es natürlich auch darum, dass die Eltern selber Kontakt zu ihrem toten Kind aufnehmen und dies nicht nur Nina überlassen. So standen die Kinder vor den Eltern und schauten sie an. Sowohl Karl als auch Monika kommen nun in ihre eigenen Rollen, und die Stellvertreter setzen sich.

Monika weigert sich, dem toten Kind in die Augen zu schauen. Sie windet sich am ganzen Leib, als der Therapeut sie auffordert, Michael einfach offen in die Augen zu sehen und abzuwarten, was geschieht. Michael kniet auf dem Boden und blickt die Mutter abwartend und sehr freundlich an. Er wartet, bis sie bereit ist. Auf den Hinweis des Therapeuten – »Sieh doch, wie freundlich er dich anschaut« – traut sich Monika endlich, macht aber sogleich die Augen wieder zu.

»Es ist so schlimm«, bricht es aus ihr heraus.

Das Schließen der Augen ist hier eine Abwehr der Wirklichkeit. Statt dem Geschehen ins Auge zu blicken und den Schmerz zuzulassen, überlässt sich Monika lieber ihren Fantasien über das, was damals geschah. Auf diese Weise kann sie das Kind nie richtig sehen.

Karl legt ihr den Arm auf den Rücken, als sie plötzlich in die Knie sinkt. Doch der Therapeut bittet sie sanft, wieder aufzustehen und das Kind einfach ruhig anzuschauen, denn es braucht eine starke Mutter: »Sag ihm: ›Ich bin deine Mutter.‹« Monika gibt sich einen Ruck und sagt es. Michaels Augen glänzen vor Freude. Und Karl sagt: »Ich bin dein Vater.« Als Monika ihren verstorbenen Sohn erneut anschaut, dreht sie wieder abrupt den Kopf weg: »Ich fühle mich schuldig als Mutter. Warum ist er gestorben? Ich muss irgendetwas falsch gemacht haben.«

Michael runzelt die Stirn: »Ich verstehe nichts von alledem. Was soll sein?« Der Therapeut wiederholt, was die Mutter gesagt hat. Langsam schüttelt Michael den Kopf: »Niemand hat Schuld, weder du noch der Vater. Es war einfach so! Es war schön für mich, da zu sein. Mir ging's gut!«

Monika kann es kaum fassen. Langsam blüht ein Lächeln in ihrem Gesicht auf. Es folgen nun eine Reihe von weiteren Schritten, in denen die Eltern ihren Schmerz ganz zulassen und sich dann versichern, dass sie es gemeinsam tragen. Währenddessen kann man deutlich hören, wie Nina befreit aufatmet.

Nun wird noch die Fehlgeburt hineingenommen, für die Monika eine Frau aus der Gruppe wählt. Die Stellvertreterin sammelt sich und sagt: »Ich gehöre hier dazu!« Als sie vor den Eltern steht, muss Monika erneut weinen. Sie sagt dem toten Kind: »Dein Tod war schlimm für mich.«

»Für mich nicht!«, entgegnet das tote Kind, indem es ruhig spricht und die Mutter freundlich anlächelt. Monika und Karl haben den Impuls, das Kind zu berühren und zu halten. Sie versichern ihm, dass das Leben nach seinem Tod gut weitergegangen ist. Anschließend fordern sie es auf, den mittleren Platz in der Geschwisterreihe einzunehmen.

Als dies geschehen ist, blicken sich die drei Kinder auf intensive Weise an. Man kann wahrnehmen, wie sich die Kinder als Geschwister gegenseitig nehmen und sich ihren Platz in der Reihe geben. Sie schauen sich glücklich und friedlich an, und man kann spüren, dass sich etwas Tiefes vollzieht. Der Augenblick ist in Zeit gemessen relativ kurz, und dennoch kommt er allen lang vor, so als sei dieser Vorgang durch nichts auf der Welt mehr aufzuhalten. Wie in Zeitlupe und wie verabredet gehen die Köpfe und Blicke wieder auseinander, und die Kinder schauen freundlich ihre Eltern an.

Jetzt sagt Karl: »Ihr seid meine drei Kinder, und du, Nina, du bist die Dritte.« Monika sagt Nina: »Jetzt bleibe ich, und du kannst auch bleiben.« Nina nickt und lächelt.

Der Therapeut ermuntert die Eltern, Nina von Michael und dem weiteren toten Geschwister zu berichten. Bei einem späteren Kontakt erzählte Monika, dass Nina seit der Aufstellung große Fortschritte macht; sie hat in Schule und Alltag begonnen, ihr Schneckenhaus zu verlassen.

## Infekte, Fieber

*Carsten, drei Jahre, ständige Infekte*

Jördis ist verheiratet und hat mit ihrem Mann zusammen ein Kind, den dreijährigen Carsten. Seit Jördis ihren Sohn in den Kindergarten bringt, gibt es Probleme. Jördis fällt es unendlich schwer, ihr Kind dort zu lassen. Sie fühlt sich dabei sehr schlecht, und oft ist sie erleichtert, wenn Carsten krank ist und sie ihn nicht in den Kindergarten bringen muss. Erschrocken war sie jedoch, als sie sich vor kurzem bei dem Gedanken ertappte: »Hoffentlich fühlt sich Carsten morgen krank, dann brauche ich ihn nicht in den Kindergarten zu bringen.« Tatsächlich ist Carsten nun öfter krank als früher! Spätestens jetzt wird ihr klar, dass irgendetwas nicht stimmt.

Im Gespräch bitte ich Jördis, mir genau zu schildern, wie sie sich fühlt, wenn sie das Kind abgibt. Sie erzählt: »Meine Körpersprache sagt alles. Ich laufe mit gesenktem Haupt durch die Stadt. Der ganze Körper fühlt sich schwer an. Und ich fühle mich so unendlich schlecht, mein Kind abgegeben zu haben.«

Auf meine Frage, ob in der Familie schon mal ein Kind abgegeben oder weggegeben worden ist, beginnt Jördis zu weinen: »Ja, meine Mutter.« Die Mutter wurde nach der Geburt an deren Oma (Jördis' Urgroßmutter mütterlicherseits) übergeben, wo sie aufwuchs. Jördis' Oma stand nicht zu dem Kind, weil es unehelich war und es damals als Schande galt.

Kontakt zu ihrem anderweitig verheirateten Vater hatte Jördis' Mutter nur selten gehabt. In einer Aufstellung mit Papierscheiben wurde deutlich, woher jenes schlechte Gewissen kam, das Jördis immer spürte, wenn sie Carsten abgab: Es war das Lebensgefühl der Großmutter. Sie fühlte sich ihrem abgelehnten Kind gegenüber schuldig, weil sie sich nur wenig um die Tochter gekümmert hatte. Gemeinsam spürten Jördis und ich, welche heilsamen Sätze die Mutter zur Großmutter und umgekehrt sprechen könnte.

Jördis meinte spontan: »Ich habe auch mit der Oma Mitgefühl, nicht nur mit meiner Mutter.« Nun sollte Jördis einfach innerlich dabei zuschauen, wie sich die beiden begegneten: Jördis stellte sich vor, die Mutter sagt zu ihrer Mutter: »Ich weiß, es war schlimm für dich, dass ich unehelich auf die Welt kam. Alle haben mit dem Finger auf dich gezeigt. – Du hast mir sehr gefehlt und mein Vater auch!« Jördis musste weinen, als sie sich diese Szene vorstellte. Sie hörte innerlich noch einige weitere Sätze, die die beiden miteinander tauschten, und stellte sich auch die Urgroßmutter und den schmerzlich vermissten Vater ihrer Mutter dabei vor.

Am Ende ging sie noch einmal zu ihrer Mutter: »Mama, ich weiß, wie schwer du es hattest. Umso mehr freue ich mich, dass ich immer bei dir und Papa bleiben durfte und dass auch Carsten bei mir und seinem Vater bleiben darf!« Hierbei schluchzte sie auf, und ich bat sie, in ihrer Vorstellung ihre Mutter kräftig zu umarmen. Wie wir auf der Papierscheibe für die Großmutter feststellen konnten, ging es auch ihr jetzt wesentlich besser. Sie freute sich, dass ihr Enkel bei Jördis bleiben darf.

Alles schien nun gut zu sein, doch Jördis meinte, es fehle noch etwas. Ihre Mutter reagiere nämlich zuweilen sehr bestimmt in die Kindererziehung hinein und sie komme gegen die Mutter kaum an. Bestimmte Dinge jedoch dürften nur die Eltern entscheiden, nicht die Großeltern. Deswegen sprach Jördis noch einmal zur Mutter: »Mama, bestimmte Dinge müssen wir als Eltern allein entscheiden. Wir hören deine Meinung gern, aber entscheiden tun wir allein. – Jetzt darf es anders sein, Mama, als du es mit Oma und deiner Mama erlebt hast.«

Jördis' Mutter hatte immer ihre Oma als maßgebliche Erziehungsperson erlebt, nicht die Mutter. Für Jördis' Mutter war es von klein auf selbstverständlich, dass die Großeltern alles bestimmten und nicht die Eltern. Indem Jördis jetzt das Schicksal ihrer Mutter achtet, hat sie die Kraft und den Mut, es mit Carsten anders zu machen. Auf der Papierscheibe für die Mutter konnte man Zustimmung zu dem Satz der Tochter fühlen. Auch auf Carstens Papierscheibe konnte man nun wahrnehmen, dass er nun ganz entspannt auf seine Mutter blickte.

Als die Mutter einer Frau schwer erkrankte, entschloss sie sich, ihre Mutter die letzten Tage und Wochen zu pflegen und in den Tod zu begleiten. Parallel dazu wurde ihr zehnjähriger Sohn krank und litt an chronisch hohem Fieber. Auf therapeutischen Rat hin sagte sie dem Kind und seinen Geschwistern: »Ich komme wieder zurück zu euch Kindern!« Wie die Frau berichtete, ging das Fieber schlagartig zurück, und die Krankheitssymptome verschwanden sogleich dauerhaft. Die Frau konnte nun ihre Mutter in den Tod begleiten, ohne sich um den Sohn ängstigen zu müssen.

## Jugendlicher mit Angstzuständen und ständig wechselnden Leiden

*Stefan, achtzehn Jahre, Angst und verschiedene Leiden*
Stefans Mutter hat ihren Sohn auf einen Vortrag über Familienaufstellungen mitgenommen. Sie empfahl ihm, an einer solchen Aufstellungsgruppe teilzunehmen. Stefan fasste sich ein Herz und meldete sich tatsächlich an.

Vor den anderen Teilnehmern erzählt Stefan über seine schon sehr lange bestehenden Probleme. Am meisten leidet er unter Angstzuständen.

In der Aufstellung, die er später macht, stehen Vater, Mutter, zwei jüngere Schwestern und Stefan als ältestes der Kinder. Die Kinder schauen alle auf den Boden. Wie schon mehrmals erwähnt wurde, blicken die Stellvertreter in solch einem Fall meist auf ein Grab.

Auf die Frage, um wen es sich hier handeln könnte, berichtet Stefan von einem tot geborenen Kind der Mutter im fünften Monat. Als die Fehlgeburt in die Aufstellung hineingenommen wird, heben sich sogleich die Augen der Kinder. Alle schauen auf das tote Kind. Den stärksten Bezug zu dem toten Bruder[42] hat Stefan. Endlich kommt jetzt auch Bewegung in die bislang wie gelähmt erscheinenden Eltern.

Gerührt nehmen sie nun ihr totes Kind als Kind. Den lebenden Kindern versichern sie, dass sie jetzt zu viert und nicht mehr zu

---

[42] Stefan wählte für die Totgeburt einen Mann aus.

dritt sind. Auch Stefan geht zu dem Toten hin, der das zweite Kind in der Reihe ist. Er weint und bekennt: »Endlich sehe ich dich. Ich hätte dich gerne kennen gelernt. Du gehörst jetzt dazu. Wir sind zwei Brüder.« Etwas zu klären gab es auch noch zwischen Stefan und seinem Vater. Er sagte ihm: »Es tut mir Leid, dass ich dich so verachtet habe.«

Einige Monate nach der Aufstellung, meldete sich Stefans Mutter wegen eines ganz anderen Anliegens für eine Aufstellung an. Sie berichtete, dass Stefan seit der damaligen Familienaufstellung wie verwandelt sei. Die Angst und auch die anderen Symptome seien völlig verschwunden.

## Wenn ein Nachbarkind zum »eigenen Kind« wird

*Patricia, vierzehn Jahre, »Kind« der Nachbarin*

Am Telefon ließ sich Maria einen Gesprächstermin geben, »weil ich solche Probleme mit meiner pubertierenden Tochter habe«. Wie sich dann jedoch herausstellte, ist Patricia gar nicht ihr eigenes Kind, sondern das Kind einer Nachbarin aus demselben Haus!

»Macht das denn einen Unterschied?«, fragte Maria entrüstet. »Schließlich kommt die Kleine seit dem siebten Lebensjahr regelmäßig zu mir. Mittlerweile bin ich ihre Mama geworden, zu ihren wirklichen Eltern hat sie kaum einen Bezug.« Patricia hat tatsächlich Marias Wohnung wie ihre eigene benutzt. Hier machte sie regelmäßig ihre Hausaufgaben und ging aus und ein wie bei ihren Eltern. Den Eltern schien es ganz recht zu sein, dass von ihren vielen Kindern eines weniger oft zu sehen war und sich offensichtlich in guten Händen befand.

Auf alle Fälle hatte Maria zu Patricias Eltern ein gutes Verhältnis. Problematisch sei alles erst geworden, seitdem Patricia in die Pubertät gekommen war und den Jungen hinterhergucke.

Sie nabele sich schrittweise immer mehr von ihr ab, und das »tut mir als ›Mutter‹ sehr weh; jetzt bin ich nämlich allein, und Patricia scheint das völlig egal zu sein«.

Der Therapeut wirft ein: »Es tut Ihnen als fürsorgende Nachbarin weh.«

»Na ja«, entgegnet Maria, »ich fühle mich halt als Patricias Mutter.«

Bevor wir eine Papierscheibenaufstellung machen, erzählte Patricia noch aus ihrem Leben. Sie ist ein Einzelkind und hat es stets genossen, von ihren Eltern verwöhnt zu werden. Seit Jahren lebt sie ohne festen Partner und hat keine eigenen Kinder. Doch durch ihren anspruchsvollen Beruf fühlt sie sich ausgefüllt.

In einer Aufstellung mit Symbolen wurden Patricia und Maria aufgestellt. Sowohl der Therapeut als auch Maria nahmen übereinstimmend wahr, dass Patricia keinerlei Bezug zu Maria hat. Maria ist empört: »Ich war ihr so viele Jahre Mutter gewesen. Ich habe ihr so viel gegeben, und ihr ist das jetzt scheinbar alles gar nicht wichtig! Früher sagte sie immer zu mir: ›Nur du, Maria, zählst wirklich für mich, meine Eltern sind mir egal.‹«

Der Therapeut deutet an, dass hier womöglich eine Verwechslung vorliege. Patricia habe sich bei ihr als Nachbarin etwas geholt, was eigentlich aus der Familie hätte kommen müssen, und umgekehrt habe auch Maria vielleicht etwas von dem Kind erhalten, weil sie es sich nicht an der richtigen Stelle geholt habe. Der Therapeut dachte an Marias Beziehung zu ihren Eltern, insbesondere an die Beziehung von Maria zu ihrer Mutter. War hier noch etwas zu klären?

Es wurde nun eine weitere Papierscheibe hinzugelegt, die wir als »Fragezeichen« bezeichneten. Diese Scheibe sollte uns Aufschluss darüber geben, was es eigentlich mit der intensiven Liebe zu dem fremden Kind auf sich habe. Sogleich war die Energie in dem kleinen System verändert. Patricia zog es extrem weg von Maria, und auch Maria hatte nicht mehr das geringste Interesse an Patricia. Auf der Fragezeichenscheibe jedoch fühlte es sich an, als ginge es um ein kleines leidendes Kind, das nicht gesehen wird. Auch Maria konnte auf dem Symbol spüren, wie intensiv ihr Bezug zu dem »Geheimnis« war.

Auf die Frage des Therapeuten, ob ihre Mutter ein Kind verloren hatte oder um welches Kind der Familie es sich hier handeln könne, schüttelte Maria den Kopf. »Es fühlt sich aber an wie ein leidendes Kind«, beharrte der Therapeut. Maria kamen jetzt die Tränen. Wie sich zeigte, war sie nämlich doch einmal vor langer Zeit schwanger gewesen und hatte abgetrieben! Dieses Kind wäre genau wie Patricia heute vierzehn Jahre alt! Jetzt stand der Lösung mit Patricia nichts mehr im Wege.

Maria sagte ihr jetzt: »Liebe Patricia, ich achte deine Mutter und deinen Vater. Sie sind genau die Richtigen für dich. Jetzt habe ich endlich *mein* richtiges Kind gefunden. Ich habe dich mit meinem abgetriebenen Kind verwechselt. Das, was ich dir gegeben habe, war aber nicht umsonst. Ich habe es dir gerne gegeben. Du darfst es behalten. Das andere musst du dir jetzt in deiner Familie holen.«

Maria war froh: »Dass die Lösung so einfach ist, habe ich nicht geglaubt! Aber gerne habe ich die Kleine schon gehabt! Jetzt kann ich sie endlich loslassen.« In einer weiteren Sitzung wurden dann die Beziehung zu Marias damaligem Partner und die Abtreibung thematisiert.

## Söhne, die die Väter verachten

*Tim, elf Jahre, stellt den Vater infrage*
Rebecca und Frank kamen zum Seminar, weil sie sich Sorgen um ihren elfjährigen Sohn Tim machten. Vor allem Frank leidet darunter, dass Tim ihm gegenüber so aufmüpfig ist. Während

die jüngere Tochter problemlos im Alltag »nebenher mitläuft«, nehme der Sohn durch seine Widerspenstigkeit die ganze Energie der Familie in Anspruch. Tim stellt alles infrage, was der Vater macht, und unterhöhlt seine Autorität auf massive Weise.

Im ersten Aufstellungsbild steht Tim direkt neben der Mutter. Die Mutter verdeckt ihm die Sicht zum Vater. Es fällt auf, dass die Mutter ihn intensiv mit ihrem Blick bannt. Tim sagt im Laufe der Aufstellung: »Sie fixiert mich und lässt mich keinen Moment los.«

Da Rebecca eine Fehlgeburt (zweiter bis dritter Monat) erwähnt hatte, wird diese nun dazugestellt. Rebecca wählt einen Jungen aus. Sobald das Kind in die Aufstellung hineinkommt, strahlt Tim.

Die Fehlgeburt schaut sehnsüchtig die Eltern an, insbesondere den Vater: »Der Vater sieht mich, die Mutter nicht«, sagt der verstorbene Bruder. Endlich traut sich auch Rebeccas Stellvertreterin, den toten Sohn anzuschauen. Es ist offensichtlich, dass er in der Geschwisterreihe dazugezählt werden muss.

Zu diesem Zeitpunkt kommen Rebecca und Frank in die Aufstellung und nehmen ihre Plätze ein. Sie trauern bewegt um den Tod des Kindes und nehmen es in den Arm. »Es war mir immer klar, dass ich noch einen Sohn habe«, sagt Frank. Beide Eltern können ihren beiden lebenden Kindern sagen: »Ihr seid zu dritt.« Für Tim ist es wichtig, dass ihm die Eltern noch vermitteln, dass er nicht der Erstgeborene ist, sondern der Zweite. Auf diese Weise verliert Tim seine beherrschende Position, die er bisher innehatte. Er erinnerte auf seine aufmüpfige Weise an den toten Bruder.

Doch noch etwas anderes war wichtig, um Tim wieder auf die Position eines Kindes zu bringen. Angesprochen auf ihren »bannenden Blick«, mit dem sie den Sohn fixierte, sagte Rebecca: »Er ist mein Sohn, er ist mein Kind, ganz mein Kind.« Das Wort »allein« fehlte zwar, doch es klang mit.

Die Mutter ließ hier nicht zu, dass das Kind zum Vater gehen konnte. Indem sie Tim in der Aufstellung diese Erlaubnis gab, schrumpfte er noch einmal in seiner Bedeutung. Endlich konnte Tim ganz Kind sein und zum Vater hingehen: »Ich brauche ihn. Er ist mir ein Vorbild. Hier geht es mir gut«, strahlte Tim.

Frank meinte: »Das geht mir unter die Haut! So mir zugewandt habe ich den Sohn bislang nie erlebt.«

Rebecca blickte Frank in die Augen: »Ich stimme zu, dass er zu dir geht. Er braucht dich.«

*Gerald, fünfzehn Jahre, verachtet seinen Vater*
Helmut, der zwischen vierzig und fünfzig Jahre alt ist, hatte seinem Vater schon als Jugendlicher den Tod gewünscht. Bis zum heutigen Tag hat Helmut zu seinem Vater nur selten Kontakt. Er verachtet ihn. Sein Sohn Gerald macht es mit ihm nicht viel anders: Er verachtet Helmut, so wie dieser seinen Vater verachtet. Helmut und Gerald haben zu Hause nur Kontakt durch häufiges Streiten; eine andere Form des menschlichen Austauschs scheint zwischen ihnen nicht möglich zu sein.

Im Seminar war Helmut erstaunt über das, was die Bilder der Aufstellung zeigten: Aus Liebe zur Mutter hatte er dem Vater den Tod gewünscht. Helmut war solidarisch mit der Mutter, die den Vater hasste. Helmut zeigte sich von der Aufstellung recht unberührt. Reue gegenüber dem Vater empfand er scheinbar nicht. Das Seminar ging sonntags zu Ende, und bereits am Sonntagabend geschah zu Hause Erstaunliches. Helmut schrieb in einem Brief:

*Es ist wirklich ein Wunder. Ich ging zur Familienaufstellung, um das Problem mit meinem Vater zu lösen. Obwohl ich mich innerlich kaum öffnete, hat sich trotzdem sofort die Welt verschoben. Unser Sohn, der üblicherweise sonntags sehr spät nach Hause kommt und der, wenn er kommt, weder redet noch ansprechbar ist, kam bereits um 21 Uhr nach Hause! Zusammen mit meiner Frau haben wir zu dritt in einem völlig neuen Geist zwei Stunden (!) miteinander geredet. Gerald hat mich offensichtlich für »voll« genommen und ich ihn zum ersten Mal auch! Ich habe ganz oft richtig die Liebe zwischen uns gespürt. Damit habe ich den Mut gefunden, jetzt auch zu meinem Vater zu gehen und ihn auch meinen Vater zu nennen, was ich mehr als zehn Jahre nicht konnte. Seit langem kann ich wieder an die Zukunft glauben.*

## Ausgeklammerte Heimat

In gemischt kulturellen Familien spüren die Kinder oft, wenn ein Heimatland ihrer Eltern ausgeklammert ist. Besonders problematisch ist es, wenn dem Heimatland des Vaters keinerlei Bedeutung gegeben wird, denn aus systemischer Sicht folgt in der Regel die Frau mit den Kindern ihrem Mann in dessen Kultur.

*Achmed, fünf Jahre, unterschiedliche psychosomatische Probleme*

Jutta und Ali haben einen Sohn, den fünfjährigen Achmed. Ali stammt aus Indonesien. Er kam vor vielen Jahren nach Deutschland, »weil man bei uns nicht bleiben kann. Die jungen Leute wollen das Moderne, deswegen bin auch ich ins Ausland. Hier ist es besser«. In Deutschland hatte Ali eine deutsche Frau kennen gelernt und geheiratet, mit der er noch immer zusammenlebt.

Jutta ist ebenfalls noch verheiratet mit ihrem deutschen Mann und hat mit ihm zusammen zwei jugendliche Söhne. Während der Ehe ging sie mit Ali fremd, worauf sie mit Achmed schwanger wurde. So sind beide noch gebunden an ihren jeweiligen Ehepartner. Die letzten Jahre waren geprägt durch ein wirres

Familienleben. Achmed lebte zwar in Juttas Familie, doch er entbehrte den regelmäßigen Kontakt zu seinem indonesischen Vater, und ständig gab es Streit zwischen den beteiligten vier Erwachsenen.

Achmeds große Augen blicken oft traurig in die Welt. Außerdem berichtet Jutta, dass Achmed häufig sehr »verloren« wirkt und zu nichts Lust habe. Er sei antriebslos und habe oft die unterschiedlichsten psychosomatischen Probleme. Ali und Jutta nahmen nun gemeinsam an einem Seminar teil.

Die entscheidende Rolle in der Familienaufstellung spielten die verkörperten Länder Deutschland und Indonesien. Achmed hatte nur Augen für Indonesien, etwas anderes nahm er kaum wahr. Er ging auf Indonesien zu, das von einer Frau dargestellt wurde. Sie nahmen sich in den Arm und hielten sich lange, während Deutschland, das von einem Mann repräsentiert wurde, sich schrittweise völlig von allen zurückzog. Der Stellvertreter von Deutschland sagte später: »Ich spiele hier keinerlei Rolle.«

Angesichts der innigen Liebe zwischen Achmed und Indonesien lächelte schließlich auch Alis Stellvertreter seinem Heimatland zu. Jutta hatte ebenfalls keinen Blick für Deutschland übrig, sondern blickte nur sehnsuchtsvoll auf Alis Heimat. Indonesien breitete seine Arme wie eine Mutter aus, um sie alle aufzunehmen. Ali sagte seiner Heimat: »Ich komme zurück, und ich bringe meine Familie mit.« Indonesien nickte freundlich.

Sprachlos hatten Jutta und Ali dem Geschehen zugesehen. Das war für Jutta das Letzte, was sie von der Aufstellung erwartet hatte. Ali meinte jedoch: »Wenn ich ehrlich bin, überrascht es mich nicht. Tief in mir drin habe ich es immer gewusst.«

Noch etwas anderes ist hier zu einer guten Lösung notwendig: Wenn Ali und Jutta zu ihrer Schuld gegenüber den jetzigen Ehepartnern stehen, kann sich etwas Gutes daraus entwickeln.

# Flüche und »Verteufelungen«

In den meisten Fällen, in denen vom »Teufel« und von »Magie« die Rede ist, finden sich bei Familienaufstellungen recht irdische Hintergründe. Bert Hellinger berichtet den Fall eines Jungen, der sich auf so seltsame Weise verhielt, dass einige Kindertherapeuten annahmen, er sei vom Teufel besessen. Bert Hellinger sagte ihnen, dass der Teufel meist ein Mitglied der Familie ist. Sie forschten dann zusammen, wer der »Teufel« sein könnte.

Der betreffende Junge war von einer Frau adoptiert worden, die, weil sie ihren Mann ärgern wollte, sieben Kinder abgetrieben hatte. Die Therapeuten zeigten Mitleid mit der Mutter statt mit dem Kind und waren der Meinung, sie müssten ihr helfen: »Ich«, so Bert Hellinger, »habe auf den Jungen geschaut, er hatte mein Herz. Mit Bezug auf die Frau war klar: Man muss sie ihrem Schicksal und den Folgen ihres Tuns überlassen. Und man darf das Kind nicht bei ihr lassen. Es muss da raus.«

Da, wo man den Teufel am Werke sieht, so Hellinger, ist meist ein so genannter Guter oder so genannter Armer böse: »Und wenn man nach dem Teufel sucht, findet man ihn am ehesten bei den Engeln. Die Grausamen geben sich oft als die Frömmsten, oder die Frömmsten sind oft die Grausamen. Sie haben wenig Herz.«[43]

Der vorhergehende Fall sollte nicht dazu verleiten, übernatürliche Phänomene für unmöglich zu halten. Daan van Kampenhout, der sowohl als Schamane wie auch als Familien-Aufsteller arbeitet, gibt in seinem Buch *Die Heilung kommt von außerhalb – Schamanismus und Familienstellen*[44] eine anschauliche Einführung in Bereiche, die jenseits des Sichtbaren liegen. In

---

[43] Hellinger: *Die Quelle braucht nicht nach dem Weg zu fragen,* a. a. O., S. 164
[44] 2001 in Heidelberg erschienen.

einem anderen seiner Bücher erzählt er eine Geschichte über einen afrikanischen Kultgegenstand, die nachdenklich stimmt: *Ich hatte einen Patienten, der zu mir zur Beratung kam. Er litt an unerklärlichen körperlichen Beschwerden. Während der Sitzung stellte sich heraus, dass seine Schmerzen von einer kleinen Holzstatue aus Afrika herrührten. Nachdem mein Patient die Statue aus seiner Wohnung entfernt hatte (meine Geisthelfer verlangten nichts Geringeres, als die Statue zu verbrennen), verschwanden seine Beschwerden augenblicklich.*[45]

Die nun folgende Geschichte von Jumila bezieht sich ebenfalls auf Afrika. Sie zeigt Auswirkungen von magischem Tun auf, gleichgültig, auf welche Weise man versucht, »Magie« zu erklären.

*Jumila, vier Jahre, Opfer eines afrikanischen Todesfluchs*
Gerlinde erzählt im Seminar von ihrer Tochter Jumila, die sie mit einem afrikanischen Freund hatte. Als Gerlinde schwanger war, wollte der Freund sie zur Abtreibung zwingen, aber sie entschied sich, das Kind gegen seinen Willen zu bekommen. Als er dann jedoch die Tochter im Alter von neun Monaten das erste Mal sah, wollte er Gerlinde heiraten. Doch nun war sie ihm gegenüber nicht mehr offen, denn mittlerweile hatte sie herausbekommen, dass er vermutlich schon mehrere Ehefrauen hatte und wahrscheinlich auch schon mehrere Kinder. Bislang hatte er das immer abgestritten.
Gerlinde musste sich nun eingestehen, dass sie sich zu wenig für die Sitten und die Kultur ihres Freundes interessiert und sich möglicherweise leichtfertig auf ihn eingelassen hatte. Da Gerlinde ihn nicht mehr wollte, nahm sich der afrikanische Vater nun

[45] Daan van Kampenhout: *Heilende Rituale – Verbesserung der Lebensqualität,* Freiburg 2001, S. 98.

eine afrikanische Frau, mit der er jedoch nicht in Afrika, sondern in einer deutschen Großstadt lebt und mit der er mittlerweile vier Kinder gezeugt hat. Gerlindes Freund brach den Kontakt mit ihr und der Tochter ab. In einem Brief schrieb er, dass keiner seiner afrikanischen Verwandten von diesem Mischlingskind erfahren würde. Jumila sei einfach »nicht existent«. Aus diesem Grund war auch ein selbst aufgesetztes Dokument beigelegt, in dem er jedweder Adoption zustimmte.

Außerdem berichtet Gerlinde, dass die afrikanische Ehefrau extrem eifersüchtig sei und jeden Kontakt des Vaters zu seiner Tocher verhindere. Als Jumila einige Monate alt war, hatte Gerlinde von ihr in einem Brief einen Fluch erhalten: Die Frau hatte ohne Wissen ihres Mannes ein afrikanisches schwarzmagisches Ritual durchgeführt und dabei Gerlinde und ihrer Tochter den Tod gewünscht. Beiden war in diesem Brief der Tod prophezeit worden. Seitdem Gerlinde diesen Brief erhielt, ist nicht nur die Tochter ständig schwer krank, sogar lebensbedrohlich krank, sondern Gerlinde selber auch. Jumila hat häufig schwierig verlaufende Lungenentzündungen, die sich nicht erfolgreich medizinisch behandeln lassen.

Aufgestellt werden nun nicht nur Gerlinde, Jumila und ihr Vater, sondern auch die Afrikanerin, ihre Kinder (Jumilas jüngere Halbgeschwister) und auch eine Person[46] für den afrikanischen Todesfluch.

Von Anfang an zieht der Fluch alle Beteiligten in seinen Bann. Vor der Frau, die ihn darstellt, zittern insbesondere Gerlinde und ihre Tochter. Selbst Jumilas Vater ist erstarrt. Zunächst hatte er zu seiner Tochter geschaut, doch als er auf den Fluch blickt, ist er zutiefst erschüttert. Genau wie alle anderen wird er jedoch durch den Fluch in seinem Tun gelähmt. In den Augen der Afrikanerin blitzt nur Hass gegen die Rivalin und deren Kind.

---

[46] Gerlinde wählte dafür eine Frau aus.

Die Spannung wird für Gerlinde und Jumila unerträglich. Sie können sich kaum noch auf den Beinen halten. Schließlich dreht sich der Fluch um und schaut auf seine Erschafferin: die afrikanische Frau. Durch diesen Richtungswechsel atmen Gerlinde und Jumila sofort durch und richten sich langsam wieder auf. Die Augen der Afrikanerin drücken jetzt, nachdem der Fluch sie anschaut, keinen Hass, sondern nur noch blanke Todesangst aus. Als sich der Fluch mit wuchtigen Schritten wie eine unaufhaltsame Macht auf die Urheberin zubewegt, stößt die Afrikanerin einen lauten Schrei aus. Während sich der Fluch immer mehr nähert, sagt er: »Jetzt töte ich dich statt sie.«

Damit sie nicht vernichtet wird, spricht sie den Wunsch aus, der Fluch möge sich endlich auflösen. Doch der Fluch nähert sich immer bedrohlicher und drängt seine Erzeugerin in eine Ecke des Raumes. Die Afrikanerin steht buchstäblich mit dem Rücken zur Wand. Der Fluch sagt: »Es braucht sehr viel Zeit, bis ich verschwinden kann, sehr viel Zeit!« Kraftvoll und bedrängend bleibt er vor seiner Urheberin stehen und lässt ihr kein Entrinnen. Gerlinde und ihre Tochter drehen sich nun um, sodass sie das Geschehen nicht mehr verfolgen können. Jetzt geht es ihnen gut. Die Folgen des Fluches müssen zu ihrem Ursprungsort zurück. Andere Gesichtspunkte spielten in dieser Aufstellung keine Rolle, da der Fluch mit seiner Macht alle aufgestellten Personen völlig dominierte.

Gerlinde hatte bis zum Ende der Aufstellung fassungslos auf dem Stuhl gesessen und sich gewunden vor Aufregung, während sie dem ganzen Geschehen zusah. Genau so, wie es sich hier darstellte, hatte sie es innerlich in den zurückliegenden Jahren erlebt: Sie fühlte sich mit ihrer Tochter von dem Fluch tödlich bedroht. Bei jeder neuen Lungenentzündung Jumilas fürchtete sie um das Leben ihres Kindes.

Knapp zwei Jahre nach der Aufstellung hatten Gerlinde und ich wieder Kontakt. Vor der damaligen Aufstellung hatte sie nichts von Afrika und seiner Kultur wissen wollen. Das Afrikanische war für sie nach allem, was sie erlebt hatte, mit Angst besetzt. Aus verständlichen Gründen wollte sie damit nichts mehr zu tun haben.

Obwohl Tochter Jumila äußerlich ihre afrikanische Herkunft nicht verleugnen konnte, sah sie sich als »Weiße«, und auf Bildern malte sie sich selber stets mit blonden Haaren! Tatsächlich jedoch hat sie sehr lange, glatte schwarze Haare! Das Kind hat das Ausklammern der afrikanischen Kultur durch die Mutter gespürt und sich aus Liebe zur Mutter danach verhalten und sich als »Weiße« gesehen.

Vom Tag der Familienaufstellung an änderte sich das! Das Kind malt sich seitdem als Schwarze! Parallel dazu spürte Gerlinde, dass es nun notwendig war, sich mit Afrika auseinander zu setzen. Nachdem die Mutter sich für die afrikanischen Wurzeln des Kindes öffnete, fühlte sich auch das Kind ermutigt, diese andere Seite in sich zuzulassen. Gerlinde vermittelte ihrer Tochter den christlichen Glauben, doch sie bringt sie ebenso in Kontakt mit ihren afrikanischen Wurzeln.

Seit der Aufstellung hat Gerlinde viele intensive Gespräche sowohl mit Afrikanern geführt als auch mit deutschen Frauen, die ebenfalls mit ihren Kindern von Afrikanern verflucht worden waren. Ein christlicher afrikanischer Pfarrer berichtete ihr, wie häufig diese Flüche ausgesprochen würden – im schlimmsten Fall mit Todesfolge! In Gesprächen mit vielen Betroffenen und Afrikanern erfuhr Gerlinde, dass sie kein Einzelfall ist. Egal, was Westeuropäer über die geistigen Praktiken Afrikas glauben mögen, die Folgen von rituellen Verfluchungen können weit reichende Wirkungen haben.

Auch mit Angehörigen jenes Stammes, dem Jumilas Vater angehört, hat Gerlinde mittlerweile Kontakt. Dabei erfuhr sie, dass solche Flüche in Afrika keineswegs ein Kavaliersdelikt seien, vor allem dann nicht, wenn sie innerhalb einer Familie ausge-

158

sprochen werden. Auf die Schilderung ihres Falles hin wurde ihr gesagt, dass es sich auch nach afrikanischer Sitte bei solchen Flüchen um eine verabscheuungswürdige Tat handele! Dennoch werden Fluchrituale sehr oft ausgesprochen.

Auch gesundheitlich haben sich bei Jumila die Dinge zum Positiven entwickelt. Bis zum Zeitpunkt der Familienaufstellung hatte Jumila sechs bedrohliche Lungenentzündungen gehabt, seit der Aufstellung keine mehr. Die Wirkung des Fluchs hat sich seit der Aufstellung aufgelöst, und Jumila entwickelt sich seitdem positiv. Jumilas Vater hat allerdings bislang noch kein Interesse gezeigt, seine Tochter wieder zu sehen.

Gerlinde erzählt, dass die Wirkung der Aufstellung nach knapp zwei Jahren immer noch anhalte. Sie merke an sich, wie sie durch eine neue berufliche Orientierung und auch durch die kulturellen und geistigen Dinge, mit denen sie sich seitdem beschäftigt hat, auf einen neuen Weg gebracht worden ist.

Wenn die Eltern hinter sich schauen und sehen, wo das Leben herkommt, von wie weit her, und sehen sich in diesem Strom, dann sind sie den Kindern gegenüber stark, aber nicht im Sinne von etwas tun zu müssen oder tun zu wollen, sondern sie fühlen sich eingebunden in diesen Strom. Dann kann das Kind von den Eltern leichter alles nehmen, weil sie sich auch in diesen Strom eingebunden fühlen.[47]

*Bert Hellinger*

---

[47] Hellinger: *Die Quelle braucht nicht nach dem Weg zu fragen,* a. a. O., S.106.

# Literatur

*Literatur über systemische Aufstellungen nach Bert Hellinger*

Baxa, Guni-Leila/Essen, Christine/Kreszmeiner, Astrid Habiba (Hg.): *Verkörperungen – Systemische Aufstellung, Körperarbeit und Ritual*, Heidelberg 2002

Brink, Otto: *Spielregeln der Partnerschaft*, Freiburg 2001

Döring-Meijer, Heribert: *Familienaufstellungen mit Suchtkranken*, Paderborn 2000

Dykstra, Ingrid: *Wenn Kinder Schicksal tragen – Kindliches Verhalten aus systemischer Sicht verstehen*, München 2002

Franke, Ursula: *Systemische Familienaufstellung – Eine Studie zu systemischer Verstrickung und unterbrochener Hinbewegung unter besonderer Berücksichtigung von Angstpatienten*, München und Wien 1996

Franke-Griksch, Marianne: *Du gehörst zu uns! Systemische Einblicke und Lösungen für Lehrer, Schüler und Eltern*, Heidelberg 2001

Gómez Pedra, Sylvia (Hg.): *Kindliche Not und kindliche Liebe*, Heidelberg 2001

Hellinger, Bert: *Liebe auf den zweiten Blick – Lösungen für Paare*, Freiburg 2002

–, *Die Quelle braucht nicht nach dem Weg zu fragen – Ein Nachlesebuch*, Heidelberg 2001

–, *Entlassen werden wir vollendet – Besinnliche Texte*, München 2001

–, *Liebe am Abgrund – Ein Kurs für Psychose-Patienten*, hg. von Michaela Kaden, Heidelberg 2001

–, *Wir gehen nach vorn – Ein Kurs für Paare in Krisen*, Heidelberg 2001

–, *Religion, Psychotherapie, Seelsorge*, München 2000

–, *Was in Familien krank macht und heilt – Ein Kurs für Betroffene*, Heidelberg 2000

–, *Wo Ohnmacht Frieden stiftet – Familien-Stellen mit Opfern von Trauma, Schicksal und Schuld*, Heidelberg 2000

–, *Wo Schicksal wirkt und Demut heilt – Ein Kurs für Kranke*, Heidelberg 1999

–, *Mitte und Maß – Kurztherapien*, Heidelberg 1999

–, *Der Abschied – Nachkommen von Tätern und Opfern stellen ihre Familie*, Heidelberg 1998

–, *Haltet mich, dass ich am Leben bleibe – Lösungen für Adoptierte*, Heidelberg 1998

–, *In der Seele an die Liebe rühren – Familien-Stellen mit Eltern und Pflegeeltern von behinderten Kindern*, Heidelberg 1998

–, *»Einsicht durch Verzicht – Der phänomenologische Erkenntnisweg in der Psychotherapie«*, in *Praxis der Systemaufstellung*, München, 1/1998, S. 16 f.

–, *Touching Love. Bert Hellinger at Work with Family Systems. Documentation of a Three-Day-Course for Psychotherapists and their Clients*, Heidelberg 1997

–, *Schicksalsbindungen bei Krebs – Ein Kurs für Betroffene, ihre Angehörigen und Therapeuten*, Heidelberg 1997

–, *Verdichtetes – Sinnsprüche – Kleine Geschichten – Sätze der Kraft*, Heidelberg 1995

–, *Familien-Stellen mit Kranken – Dokumentation eines Kurses für Kranke, begleitende Psychotherapeuten und Ärzte*, Heidelberg 1995

–, *Ordnungen der Liebe*, Heidelberg 1994

Hellinger, Bert/Kaden, Michaela: *Die größere Kraft – Bewegungen der Seele bei Krebs*, Heidelberg 2001

Hellinger, Bert/ten Hövel, Gabriele: *Anerkennen, was ist – Gespräche über Verstrickung und Lösung. Zusammen mit Gabriele ten Hövel*, München 1997

Langlotz, Robert (Hg.): *Familien-Stellen mit Psychose-Kranken. Beiträge zu systemischen Lösungen nach Bert Hellinger*, Heidelberg 1998

Nelles, Wilfried: *Liebe, die löst – Einsichten aus dem Familien-Stellen*, Heidelberg 2002

–, *Wo die Liebe hinfällt – Gespräche über Paarbeziehungen und Familienbande*, Himberg 2002

Neuhauser, Johannes (Hg.): *Wie Liebe gelingt – Die Paartherapie Bert Hellingers*, Heidelberg 1999

Prekop, Irina/Hellinger, Bert: *Wenn ihr wüßtet, wie ich euch liebe – Wie schwierigen Kindern durch Familien-Stellen und Festhalten geholfen werden kann*, München 1998

Schäfer, Thomas: *Der Mann, der tausend Jahre alt werden wollte – Märchen über Leben und Tod aus Sicht der Systemischen Psychotherapie Bert Hellingers*, München 1999 und 2002

–, *Was die Seele krank macht und was sie heilt – Die psychotherapeutische Arbeit Bert Hellingers*, München 1998 und 2000

–, *Wenn Dornröschen nicht mehr aufwacht – Bekannte Märchen aus Sicht von Bert Hellingers Familienaufstellungen*, München 2001

Schneider, Jakob/Gross, Brigitte: *Ach wie gut, dass ich es weiß – Märchen und andere Geschichten in der systemisch-phänomenologischen Therapie*, Heidelberg 2000

Ulsamer, Bertold: *Ohne Wurzeln keine Flügel – Die systemische Therapie von Bert Hellinger*, München 1999

van Kampenhout, Daan: *Die Heilung kommt von außerhalb – Schamanismus und Familien-Stellen*, Heidelberg 2001

Weber, Gunthard (Hg.): *Derselbe Wind lässt viele Drachen steigen – Systemische Lösungen im Einklang*, Heidelberg 2001

–, *Praxis des Familien-Stellens – Beiträge zu systemischen Lösungen nach Bert Hellinger*, Heidelberg 1998

–, *Praxis der Organisationsaufstellungen*, Heidelberg 2000

–, *Zweierlei Glück – Die systemische Psychotherapie Bert Hellingers*, Heidelberg 1993

Darüber hinaus sind von Bert Hellinger im Carl-Auer-Verlag noch Audio-Kassetten, CDs und Videos erhältlich; insbesondere die Videos ermöglichen einen anschaulichen Zugang zu Familienaufstellungen und Bewegungen der Seele. Videos sind auch erhältlich im Verlag Movements of the soul.

*Weitere Literatur*

Ancelin Schützenberger, Anne: *The Ancestor Syndrome – Transgenerational Psychotherapy and the Hidden Links in the Family Tree*, London 1989

Bandler, Richard: *Veränderung des subjektiven Erlebens: fortgeschrittene Methoden des NLP*, Paderborn 1987

Biddulph, Steve: *Das Geheimnis glücklicher Kinder*, München 1999

–, *Weitere Geheimnisse glücklicher Kinder*, München 1998

Dilts, Robert B./Epstein, Todd/Dilts, Robert W.: *Know-how für Träumer – Strategien der Kreativität*, Paderborn 1994

Dilts, Robert B./Hallbom, Tim/Smith, Suzi: *Identität, Glaubenssysteme und Gesundheit – Höhere Ebenen der NLP-Veränderungsarbeit*, Paderborn 1991

Eberwein, Werner/Schütz, Gerhard: *Die Kunst der Hypnose – Dialoge mit dem Unbewussten*, Paderborn 1996

Erickson, Milton H./Rossi, Ernest L./Rossi, Sheila L.: *Hypnose – Induktion, therapeutische Anwendung, Beispiele*, München 1994

Erickson, Milton H./Rossi, Ernest L.: *Hypnotherapie – Aufbau, Beispiele, Forschungen*, München 1993

Grinder, John/Bandler, Richard: *Therapie in Trance*, München 1994

Goodmann, Felicitas: *Wo die Geister auf den Winden reiten – Trancereisen und ekstatische Erlebnisse*, Freiburg 1993

–, *Ecstasy, Ritual and Alternate Reality: Religion in a pluralistic world*, Bloomington 1988

Haley, Jay (Hg.): *Conversations with Milton H. Erickson, M. D., Bd. 3: Changing children and families*, o. O. 1985

–, *Die Psychotherapie Milton H. Ericksons*, München 1978

Holtz, Karl-Ludwig: »Die vielen Facetten des M. H. Erickson – Entwicklungspsychologische Überlegungen zur Hypnotherapie mit Kindern und Jugendlichen«, in Mrochen et alii (Hg.): *Die Pupille des Bettnässers*, s. u.

Kampenhout, Daan van: *Heilende Rituale – Verbesserung der Lebensqualität*, Freiburg 2000

–, *Schamanische Heilungsrituale*, Freiburg 2001

Kohen, Daniel P.: »Entspannung und mentales Vorstellungstraining (Selbsthypnose) als Hilfe zur Selbsthilfe für Kinder mit Asthma«, in Mrochen et alii (Hg.): *Die Pupille des Bettnässers*, s. u.

Loriedo, Camillo/Vella, Gaspare: *Das Paradox in Logik und Familientherapie*, Mainz 1993

Mills, J./Crowley, Richard: *Therapeutics Metaphors for Children and the Child within*, New York 1986, dt. *Therapeutische Metaphern für Kinder und das Kind in uns*, Heidelberg 1998

Mrochen, Siegfried/Holtz, Karl-Ludwig/Trenkle, Bernhard: *Die Pupille des Bettnässers*, Heidelberg 1993

O'Connor, Joseph/Seymour, John: *Neurolinguistisches Programmieren: Gelungene Kommunikation und persönliche Entfaltung*, Freiburg 1994

Olness, Karen/Kohen, Daniel P.: *Lehrbuch der Kinderhypnose und -hypnotherapie*, Heidelberg 2001

Polster, Ervin und Miriam: *Gestalttherapie – Theorie und Praxis der integrativen Gestalttherapie*, Frankfurt 1988

Prekop, Jirina: *Der kleine Tyrann – Welchen Halt brauchen Kinder?*, München 1991

–, *Hättest Du mich festgehalten*, München 1989

–, *Schlaf, Kindlein – verflixt noch mal!*, Ein Ratgeber für genervte Eltern, München 1997

Prekop, Jirina/Schweizer, Christel: *Kinder sind Gäste, die nach dem Weg fragen – Ein Elternbuch*, München 1990

Shazer, Steve de: *Wege der erfolgreichen Kurzzeittherapie*, München 1995

Svoboda, Tomas: *Das Hypnose-Buch – Individuelle Anwendungsformen für Selbsthilfe und therapeutische Praxis*, München 1984

Trenkle, Bernhard: »Ericksonsche Hypno- und Psychotherapie bei Bettnässen«, in Mrochen et alii: *Die Pupille des Bettnässers*, a. a. O.

Wirl, Charlotte: »Therapeutische Geschichten und Metaphern, Aufbau und Drei-Ebenen-Kommunikation«, in Mrochen et alii: *Die Pupille des Bettnässers*, a. a. O.

Zeig, Jeffrey: *Die Weisheit des Unbewussten – Hypnotherapeutische Lektionen bei Milton H. Erickson*, Heidelberg 1995

–, *Meine Stimme begleitet Sie überall hin – Ein Lehrseminar mit Milton H. Erickson*, Stuttgart 1986

*Adresse des Autors:*
Thomas Schäfer, Burgweg 27, 78333 Stockach-Wahlwies
Tel.: 07771 919405 und 06221 768380
Internet: www.FamilienaufstellungenThoSchaefer.de
E-Mail: tho.schaefer@t-online.de

*Allgemeine Informationen:*
www.bert-hellinger.com
und IAG Systemische Lösungen nach Bert Hellinger,
Germaniastr. 12
80802 München
Tel.: 089 38102710

# Julia Cameron

# Wer sagt, dass Gott nicht gerne lacht?

## Die Leichtigkeit des Göttlichen im Alltag entdecken

Um ein spirituelles Leben zu führen, braucht es nicht viel, sagt Julia Cameron. Jedenfalls kommt es nicht darauf an, wie viele Workshops man schon hinter sich hat oder wie lange man an einem Stück meditieren kann.

Angesichts aller Widersprüche und Paradoxa, auf die man heutzutage in der spirituellen Szene oftmals stößt, gibt Cameron praktische und auch humorvolle Tipps, seinem eigenen Kompass zu folgen. Nur so kann man seine persönliche Verbindung mit dem Göttlichen stärken und seinen eigenen Weg finden.

Wer mit offenen Augen und ganz bewusst durchs Leben geht, kann täglich Wunder erleben, wie zum Beispiel Düfte oder Musik oder die Sonne auf der Haut. Dazu ist es aber auch notwendig, hin und wieder die Stopp-Taste zu betätigen, um bewusst innezuhalten und den Augenblick genießen zu können.

Knaur
MensSana

Thomas Schäfer

# Der Mann,
# der 1000 Jahre alt werden wollte

## Märchen über Leben und Tod aus Sicht der systemischen Psychotherapie Bert Hellingers

Manche Märchen können unter therapeutischem Blickwinkel als verdichtete Familiengeschichten gesehen werden. Thomas Schäfer zeigt verblüffende Parallelen zwischen ausgewählten Märchen und den von dem Psychotherapeuten Bert Hellinger entwickelten Familienaufstellungen.
Zentrales Thema der hier vorgestellten Märchen ist der Umgang mit schwerer Krankheit und dem Tod.
Es stärkt die Lebenskraft, wenn man die Toten achtet und sich liebevoll an sie erinnert.

Knaur
MensSana

# Bert Hellinger

# Ordnungen der Liebe

## Ein Kurs-Buch

Das Grundlagenbuch zur Familienaufstellung: Wer die von Bert Hellinger entwickelte Art, Familien zu stellen, verstehen will, findet hier reiches Anschauungsmaterial mit über 40 Aufstellungen:

Viele Krisen und Krankheiten entstehen dort, wo jemand liebt, ohne die Ordnungen zu kennen, die der Liebe in menschlichen Beziehungen vorgegeben sind. Daher beginnt die Lösung und Heilung mit der Einsicht in diese Ordnungen und dem Erkennen, wann, wie und nach welchen Gesetzen die Lösung aus schicksalhaften Verstrickungen gelingt.

Knaur
MensSana